La bataille pour Paris

DU MÊME AUTEUR

Revoir Paris, Fayard, 2019.

Pierre-Yves Bournazel

La bataille pour Paris

PLON
www.plon.fr

92, avenue de France
75013 Paris
Tél. : 01 44 16 09 00
www.plon.fr www.lisez.com

Dépôt légal : janvier 2026
ISBN : 978-2-259-32103-7

Mise en pages : PCA

Préface

« Les grandes villes forcent l'homme et les gouvernements à plusieurs vertus[1] », affirmait Stendhal qui fustigeait par ailleurs « l'ânerie incroyable et héréditaire des maires et échevins de France[2] ». Par chance, le mandat de maire n'est pas héréditaire ! Et Pierre-Yves Bournazel, qui nous apprend ici combien il aime Stendhal, incarne ces vertus exigeantes qu'appelle le gouvernement des grandes villes : la sincérité d'une passion qui l'anime depuis vingt-cinq ans, une profonde rectitude morale et le courage de choisir les combats qui peuvent changer la vie des habitants.

Ce livre raconte l'éducation, la formation intellectuelle et l'engagement politique d'un homme qui se livre peu. Un Corrézien aujourd'hui parisien parce que c'était la condition pour devenir pleinement lui-même. Un homme enraciné dans

1. Stendhal, *Rome, Naples et Florence.*
2. Stendhal, *Voyage en France.*

le XVIIIe arrondissement où il a choisi de vivre et d'être élu puis réélu car cet ancrage est sa première source de fierté et de légitimité. Un républicain profondément humaniste, qui se présente comme un « radical de la nuance et de la tempérance » – discipline intérieure qui devient de plus en plus rare ! J'aime Pierre-Yves parce qu'il a le tempérament inflexible de ceux qui n'ont pas besoin de courir après la fausse originalité, l'opposition factice ou l'opportunité tactique. Il trace sa route avec constance et sérénité, sans naïveté, sans faux pas.

Depuis dix ans, j'ai côtoyé Pierre-Yves dans des contextes variés, parfois exaltants, parfois éprouvants. En 2016, lorsque nous avons fait campagne ensemble pour Alain Juppé dans le cadre de la primaire de la droite et du centre, j'ai mesuré son honnêteté intellectuelle, sa ténacité et son sens du collectif. En 2017, je l'ai soutenu aux élections législatives parce que j'étais convaincu qu'il était le meilleur. Lorsque j'étais Premier ministre, j'ai toujours apprécié sa loyauté, son ouverture et son indépendance d'esprit. Depuis 2020, nous entretenons des liens de confiance et d'amitié qui m'ont conduit à lui proposer d'exercer des fonctions stratégiques au sein du parti que j'ai créé, Horizons. En 2022 puis en 2024, lorsque nous avons bataillé pour imposer nos candidats aux élections législatives, j'ai mesuré ses talents de négociateur dont on se méprendrait à sous-estimer la coriacité ! Bien qu'il reste, en toutes circonstances, d'une extrême courtoisie, Pierre-Yves est bien plus dur qu'il n'en a l'air, notamment lorsque l'adversité, la bêtise ou la franche agressivité révèlent en lui le combattant que rien ne fera dévier de sa trajectoire.

Car Pierre-Yves a la trempe des conquérants. Je crois en lui pour gagner Paris. Et je suis certain qu'il sera un grand maire, rassembleur, responsable et visionnaire.

Le jour où Antoine Rufenacht m'a transmis les clés de la ville du Havre, qu'il avait conquise après des décennies de pouvoir communiste, il m'a donné trois des conseils les plus précieux que j'aie jamais entendus sur l'art de gouverner : « Pour être un bon maire, il faut être à l'heure, porter une cravate et aimer les gens. » Cela peut sembler trivial mais l'essentiel était dit. La ponctualité est la politesse des rois et le signe du respect d'autrui. Porter une tenue convenable exprime la conscience que la fonction doit l'emporter sur la personne parce que nous incarnons la continuité et l'autorité d'institutions qui nous dépassent et nous obligent. Aimer les gens, enfin, restera toujours le plus important. Si on a l'impression de perdre son temps quand on passe trois minutes à écouter quelqu'un nous raconter ses problèmes, il ne faut pas faire de la politique ! La proximité n'est pas une stratégie mais une disposition du cœur et ce livre montre à quel point

Pierre-Yves aime écouter, dialoguer et apporter des solutions aux Parisiennes et aux Parisiens.

Mais si je suis convaincu qu'il sera un grand maire, c'est surtout parce que je n'ai jamais rencontré personne qui portait un projet aussi abouti pour Paris. Le maire de Paris n'est pas simplement le maire d'une grande ville française, ce qui serait déjà beaucoup ! Il doit penser Paris et Grand Paris à vingt ou trente ans car il incarne et assure le rayonnement de la France partout dans le monde. Paris a besoin d'un excellent gestionnaire et je ne doute pas une seconde que Pierre-Yves remettra d'équerre les finances et la gouvernance de la ville. Mais Paris a surtout besoin d'un visionnaire qui veut façonner la grande capitale du XXIe siècle où l'on vivra bien et en sécurité, à tout âge.

Cet ouvrage prouve que Pierre-Yves a toujours été un pionnier sur les questions écologiques et sociétales. Depuis longtemps favorable aux mobilités douces, il compte donner la priorité aux piétons pour que Paris redevienne une ville où l'on peut se promener sereinement, y compris avec une canne ou une poussette. Son projet vise à restaurer l'attractivité de la ville auprès des familles et des actifs car il refuse que l'intérêt du touriste l'emporte sur celui de l'habitant.

En matière de sécurité, Pierre-Yves fut également l'un des premiers à proposer la création d'une police municipale. C'est à Pierre-Yves que nous devons la campagne : « Tu casses, tu répares ; tu salis, tu nettoies » dont s'est ensuite inspiré Gabriel Attal. Sa très grande fermeté face aux incivilités et sa détermination à lutter contre la drogue seront au cœur de son projet. Intraitable face aux accès d'antisémitisme, de racisme, de LGBT-phobies, il sera aussi déterminé à combattre l'islamisme que l'islamophobie. Car Pierre-Yves est un rassembleur qui refuse d'attiser les clivages et les haines. Avec Pierre-Yves Bournazel, Paris sera tenu.

Et Paris redeviendra une ville accessible et désirable, y compris pour les plus jeunes et pour les plus âgés. Plutôt que de transformer la capitale en un musée à ciel ouvert, Pierre-Yves veut assurer à chaque enfant l'accès à la pratique culturelle de son choix et protéger les lieux de culture, à commencer par les librairies. Sa profonde humanité et son attachement à la diversité de la capitale se traduisent aussi par son souci des plus vulnérables, notamment les personnes en situation de handicap. Son projet pour Paris comportera un vaste plan d'inclusion et de rénovation énergétique des logements sociaux pour y loger en priorité les travailleurs essentiels que sont les éboueurs, les soignants, les enseignants, tous ceux et celles qui servent quotidiennement les Parisiens et les Parisiennes.

Pierre-Yves se prépare depuis des années à conquérir Paris. Il est prêt.

Il sera un grand maire de Paris, juste, lucide et courageux, car il a toujours été et il restera toujours un homme libre. C'est ce qui lui permettra de résister à la facilité, aux pressions et aux crises. C'est ce qui lui permettra de préférer la cohérence à la connivence en gardant le cap qu'il veut fixer pour Paris.

« Paris, Rouen, Le Havre, une seule et même ville dont la Seine est la grande rue », disait Napoléon en 1802. En tant que maire du Havre et en tant que citoyen français, je veux le meilleur pour Paris. Et le meilleur, c'est Pierre-Yves Bournazel.

Édouard Philippe

Introduction

Il est des moments, face au tumulte de la vie politique, où l'on ressent le besoin de s'écarter de la mêlée, non pour se retirer, mais pour chercher à comprendre, expliquer, transmettre. Dire d'où l'on vient, pour quoi l'on s'engage, et où l'on souhaite aller.

J'ai décidé de prendre le temps d'écrire, non pas pour vendre une image mais pour exposer le sens de mon engagement, la cohérence de mon parcours et de mes convictions. J'avais le désir de raconter les rencontres qui ont jalonné ce chemin, lumineuses comme décevantes.

La politique est pour moi un engagement de passion et de raison. Passion, depuis toujours, pour l'histoire, la France, nos valeurs démocratiques et républicaines. Passion pour Paris, cette ville qui m'émerveille par sa beauté, sa diversité et son identité. Passion du débat, de la chose publique et des autres, avec l'envie d'agir, de servir et de faire mieux ensemble. Mais pour qu'en politique, la passion ne devienne pas impuissance, posture, excès, il lui faut la raison, qui force à douter, écouter, confronter, qui préfère la science aux dogmes, les faits à la démagogie, la méthode à l'incantation.

C'est dans cet équilibre que j'ai choisi de m'engager pour défendre et faire vivre nos fondamentaux, notre État de droit, nos principes républicains, la laïcité et notre idéal européen. Très tôt, j'ai compris que ces valeurs étaient à la fois d'une puissance inouïe et d'une extrême fragilité. Rien n'est jamais acquis, et ce qui semble évident peut vaciller.

Je suis un patriote éclairé, ouvert sur le monde, fier de mes racines auvergnates et corréziennes. Je crois au dialogue des cultures et j'aime les connaître, les comprendre, voir ce qui les unit dans leur diversité. Ces valeurs ne sont pas abstraites pour moi. Elles m'ont façonné autant que je les ai choisies. Elles sont le socle de mon engagement, autant que le fil de mon histoire personnelle.

Et c'est à Paris, au contact de cette ville, des Parisiennes et des Parisiens venus d'ici et d'ailleurs que j'ai appris à les éprouver, à les nuancer, à les défendre. Paris m'a ouvert à la complexité du monde. Cette ville, je l'ai choisie. Je l'ai habitée, arpentée, écoutée. Elle m'a donné des amis, des combats, des raisons d'espérer, la liberté de vivre ma vie comme je l'entendais. Elle m'a poussé à m'engager, à me battre pour elle, à devenir élu. Elle m'a aussi montré ses fatigues, ses contradictions, ses blocages, ses renoncements parfois. J'aime cette ville pour ce qu'elle est et pour ce qu'elle peut encore devenir.

C'est ici que tout a pris sens. C'est à Paris que mon engagement, et ma vie, se sont enracinés. Et c'est pour Paris que je vis et que j'agis pleinement aujourd'hui. Depuis plusieurs mois, je consulte, je questionne, j'écoute. Les Parisiennes et les Parisiens d'abord, qui m'apprennent chaque jour de leur vie. Mais aussi celles et ceux qui pensent, étudient et tentent de dessiner l'avenir de nos cités. Regardons ce qui se fait ailleurs dans d'autres métropoles, d'autres pays. Ce travail m'a permis d'élaborer une vision pour l'avenir, autour d'un projet concret, audacieux et innovant.

Ce livre est un récit d'engagement. J'y évoque mes idéaux, ma trajectoire, parfois des idées. J'y raconte des épisodes d'un chemin politique, fait de convictions, de remises en question, mais jamais de reniement. Je me suis préparé. Et aujourd'hui, je suis prêt à assumer la plus belle des responsabilités, celle de maire de Paris.

Je souhaite offrir aux femmes et aux hommes de notre cité un vrai choix pour l'avenir, car il n'y a pas de fatalité à se laisser imposer le match du passé contre le passé. Le passé d'une majorité usée, en place depuis longtemps, et guidée par sa seule volonté de conserver le pouvoir. Ou un autre passé, incarné par une offre politique datée, qui serait une régression pour Paris.

Je ne choisis ni la fatigue du pouvoir, ni la fatigue des idées. Je souhaite être une solution positive. Je suis prêt à rassembler et à agir. Je n'ai jamais rien troqué ni marchandé. Je n'ai jamais rien échangé contre Paris. Je ne me sers pas de Paris. Je le sers.

Paris mérite qu'on ne tergiverse pas mais qu'on démarre, qu'on s'engage, qu'on le respecte, qu'on le protège, qu'on en prenne soin. Qu'on le transforme. Résolument.

Chapitre I

Aimer son pays : mon grand-père et l'histoire

Je suis né le 31 août 1977 à Riom-ès-Montagnes dans le Cantal, le pays de Georges Pompidou. J'ai grandi à Tulle, en Corrèze, le pays de Jacques Chirac et de François Hollande. Avec ces deux enfants du pays – pour ne parler que d'eux –, c'est dire si la Corrèze est la capitale du courant central, du raisonnable à la française.

Je viens d'une famille qui a connu des violences intrafamiliales, comme on dit aujourd'hui, à une époque où le sujet était tabou. Pour me ressourcer, j'établissais mes quartiers d'été à Antignac dans le Cantal, là où vivait mon grand-père maternel, René Fialip. Antignac est un village de 300 âmes. Je n'avais plus ma grand-mère maternelle, qui est décédée assez jeune, emportée par un cancer du sein en 1979. Mon grand-père vivait seul, j'aimais le rejoindre. En été, je passais tout le mois de juillet chez lui.

Il habitait dans une maison que je vais revoir de temps en temps, qui n'appartient plus à la famille.

J'y allais entre mes quatre et douze ans, avant qu'il ne déménage à Tulle près de chez mes parents. C'était une maison de village, bâtie en pierres. Il y avait, comme souvent dans ces maisons de campagne, une grande pièce à vivre, avec ce qu'on appelle le cantou, la cheminée, le foyer (qui a donné son nom au département). Avec dans la même pièce, une partie cuisine et une partie salle à manger. Mon grand-père possédait aussi un bureau, parce qu'il était correspondant pour des journaux locaux. Ce meuble a toujours revêtu une grande importance pour moi, synonyme à la fois de ma relation particulière avec lui et des apprentissages déterminants pour mon avenir. L'influence de mon grand-père René a été prépondérante dans ma formation.

Il était artisan, fils de restaurateur. Mes arrière-grands-parents maternels tenaient un hôtel-restaurant dans le village. Il écrivait chaque semaine des nouvelles d'Antignac dans *Le Réveil de Mauriac*. Et il pigeait aussi un peu pour *La Montagne*.

Ma famille est de culture catholique. Les enfants sont baptisés, ils font leur communion. Nous ne sommes pas vraiment pratiquants, mais respectueux du sentiment religieux. Ce qui n'empêchait pas que l'on se moquât volontiers des prêtres dans la famille. Mon grand-père me racontait souvent que le curé du temps de ses parents avait son couvert permanent dans leur restaurant. Et que c'était gratuit pour lui ! À la mort de mon arrière-grand-père, le déjeuner ne lui a plus été offert et il n'est plus jamais venu… On riait à chaque évocation de cette histoire. Ma mère n'avait pas gardé non plus de très bons souvenirs de sa période au collège catholique de Mauriac.

Ma mère et ses parents ont tenu à nous inculquer l'amour du prochain, le respect de l'autre, tout en se méfiant des « entrepreneurs en religion ». À la maison, nous avons toujours été prudents à l'égard du culte, en tout cas de son spectacle. D'ailleurs, ma mère me fit remarquer assez jeune que ceux qui vont à la messe ne sont pas toujours les premiers à suivre les préceptes qui ont été donnés. Les révélations de la commission Sauvé sur les agressions sexuelles pratiquées en masse depuis des décennies par des ecclésiastiques sur des mineurs ainsi que l'écœurante omerta des responsables de l'Église, parfaitement au courant des agissements de l'abbé Pierre, ne peuvent que lui donner raison.

Je reste toutefois attaché à la culture catholique humaniste, ainsi qu'à son patrimoine. J'aime visiter les cathédrales comme les petites églises. J'ai un immense respect pour tous les croyants qui œuvrent pour aider leurs prochains avec sincérité et foi.

J'ai baigné dans une famille où l'on défendait de fortes convictions sur l'intérêt général sans sectarisme. Durant les vacances d'été, je passais le clair de mon temps en compagnie de mon grand-père. Nous étions fusionnels. On était ensemble toute la journée. On faisait de longues promenades, à pied ou à vélo. J'avais des ami(e)s dans le village avec lesquels je passais du temps mais rien n'égalait le plaisir de retrouver mon grand-père pour des parties de petits chevaux et de Monopoly.

Mon grand-père René passait un temps considérable avec moi, certainement conscient qu'il me fallait une figure masculine rassurante et bienveillante, pour ne pas me construire avec des schémas marqués par des blessures affectives trop béantes. Il a réussi à faire de moi quelqu'un d'équilibré et je lui en suis infiniment reconnaissant, de même qu'à ma mère. Mon frère Maxime et moi sommes devenus des êtres de modération. C'est cette éducation qui a fait de moi un radical de la nuance et de la tempérance. Il est toujours plus facile de prôner des solutions extrémistes, il est moins aisé de chercher le compromis, de dépasser les blocages pour tenter de trouver une voie débouchant sur un accord. Cette force, je l'ai acquise aux côtés de mon grand-père, républicain fervent, animé par un esprit de construction.

Durant ces longues journées de bonheur d'enfant, lorsque je passais du temps avec des petits-cousins ou des voisins, mon grand-père vaquait à ses activités d'adulte. Il organisait tout, faisait les courses, préparait mon petit déjeuner, mon déjeuner, mon dîner. La vie se déroula ainsi jusqu'à mes douze ans. À partir de cette période, mon grand-père, âgé de soixante-dix ans, se sentant isolé, vint s'installer près de ma mère en Corrèze.

À l'école, j'ai très tôt été attiré par l'histoire et la géographie parce que mon grand-père me contait la Seconde Guerre mondiale. Soldat, il avait été blessé et restait marqué par ce conflit. Il était du côté de ceux qui se battaient pour la France résistante, qui sont montés au front, ont été blessés, faits prisonniers. Puis il a été ramené chez lui dans le Cantal.

Il disait qu'il œuvrait contre ce qu'il appelait les « salauds », les nazis bien sûr, mais surtout les Français qui portaient le malheur chez d'autres en collaborant avec l'ennemi. Des années après, il en était encore révulsé. Le souvenir de ses colères nous marque jusqu'à aujourd'hui. Je me souviens que pendant la campagne des élections européennes de juin 2024, nous fêtions l'anniversaire de ma mère, chez moi, en Corrèze et nous parlions autour de la table du scrutin tout proche. Des convives faisaient remarquer que de nombreuses personnes dans leur entourage voteraient pour le candidat du RN Jordan Bardella pour la première fois. Ma mère réagit en disant que si son père était encore là, il leur ferait la leçon, parce que, quand Jean-Marie Le Pen avait émergé dans les années 1980, il disait : « Il est en train de ressusciter la haine entre les Français, j'ai connu ça, jamais plus ! »

Telle est la raison pour laquelle j'ai été très tôt attiré par l'histoire et par le message politique insufflé par mon grand-père : il faut aimer son pays, être patriote tout en portant le récit d'une nation ouverte, combattant les extrémistes. J'ai grandi avec ce récit sur l'horreur politique : quand un pays part à la dérive, ses institutions sont démolies du jour au lendemain. C'est toute l'histoire de juillet 1940. Ce tragique de l'histoire, il l'avait vécu. Et il n'avait de cesse de transmettre l'idée que tout cela pouvait de nouveau exister. Je me suis intéressé à l'histoire par cette transmission familiale. Plus tard, j'entrai en politique avec l'ombre tutélaire de mon grand-père.

Je suis arrivé à Paris avec ce bagage, des principes et des valeurs sur lesquelles on ne pouvait pas céder et déroger. Face aux extrémistes de tout poil, on ne pouvait pas laisser un pouce de terrain.

Enfant du Cantal et de la Corrèze, j'ai compris très tôt que je serais amené à bouger, à voyager. J'appartiens à cette génération dont les enfants ont été ballottés par les vents de l'individualisme et de la mondialisation. J'aime cette terre mais j'entendais l'appel, non pas du large, mais de la foule anonyme au sein de laquelle je pourrais être moi-même, au cœur de la multitude. Grand classique : la capitale de la France est peuplée par des provinciaux et des citoyens venus du monde entier qui ont émigré vers Paris et forgé le caractère de la cité.

En attendant de pouvoir mener à bien ce projet, je m'évadais par les cartes de géographie et les livres. J'étais intéressé par les cartes. Du monde, de France. Au point de connaître très jeune, mieux qu'aujourd'hui, toutes les préfectures, le nom des départements avec leur numéro, et les capitales du monde.

Mon grand-père a été mon précepteur, une sorte d'instituteur à demeure. Il était mon bouclier et mon trophée. Mon premier souvenir d'école en Corrèze, c'était en CE2 : la maîtresse d'école avait invité mon grand-père maternel à se présenter devant toute la classe pour parler de la Seconde Guerre mondiale. Il avait été mobilisé dès 1939, chez les chasseurs alpins. Il nous avait raconté ses souvenirs de guerre, son compagnonnage avec les hommes de sa classe d'âge, le commandement militaire, la défaite, le déshonneur de Vichy. Et son retour en Auvergne, son soutien à la résistance de de Gaulle. Mon grand-père était gaulliste, parce que c'était la résistance. Il était animé par ce patriotisme éclairé pour défendre la souveraineté des Français et le combat contre la barbarie nazie. Pour moi, ce fut un moment fort. Je ressentais une grande fierté de voir mon grand-père devant cet auditoire captivé. À cet instant, je sus que je penserais toujours comme lui et décidai de faire miennes ses convictions. Avec le recul, j'ai conscience d'avoir assisté à ma première réunion publique.

Cette école communale à Tulle reste mon « paradis blanc ». J'aimais retrouver chaque jour ce temple de l'apprentissage avec ses odeurs de cuir des cartables, de craie et d'encre, philtre épais et noir que nous versions à tour de rôle dans les encriers logés sur les tables en bois. Durant les deux années de cours élémentaires au CM1 et en CM2, j'ai eu le même instituteur. Il s'appelait M. Ménès. Il est devenu pour moi une sorte de madeleine de Proust. M. Ménès était un instituteur à l'ancienne.

Nous avions un cahier pour chaque matière, de chaque couleur. Tout était très organisé : orthographe, grammaire, conjugaison, rédaction, lecture, calcul, géométrie. On avait des sciences, de l'histoire, de la géographie. Il a contribué à me donner le goût de l'histoire et de la géographie. On devait, chaque fois qu'on rentrait de vacances, montrer sur la carte où nous nous étions rendus en famille, dans quelle région, donner le nom des préfectures… Durant les dictées, il passait derrière nous pour surveiller notre orthographe et notre syntaxe. Et je dois dire que c'était un moyen de pression efficace… Il était un combattant de l'éducation.

Nous recevions des leçons d'éducation civique dans le cadre d'une école de la République, équipée de l'ascenseur social pour permettre à chaque enfant, quelle que soit son origine, sa condition sociale, de pouvoir réussir par lui-même. Ce fut un long combat pour organiser la vie des villages autour de l'institution scolaire. Le film *Louise Violet*, sorti en 2024 et réalisé par Éric Besnard, raconte l'histoire vraie d'une institutrice mutée en Auvergne en 1889 avec pour mission de faire la classe à des enfants que la loi obligeait désormais à se rendre à l'école tous les jours. L'école selon les termes d'une législation instaurant l'éducation obligatoire, gratuite et laïque était née et la difficulté des enseignants de l'époque n'était pas de s'échiner à faire rester les enfants dans les classes mais tout simplement de les faire venir. Alexandra Lamy est émouvante en Louise Violet, une de ces hussardes envoyées seules au front. La mission était double : vaincre l'hostilité des parents qui devaient accepter de se priver de jeunes bras employés aux travaux des champs et former une nouvelle génération de citoyens aux valeurs républicaines.

M. Ménès était ce soldat de l'école obligatoire. J'ai eu l'honneur de compter parmi ses derniers élèves car lorsque j'ai terminé mon CM2, il est parti à la retraite. Pour son dernier jour, nous lui avions préparé une surprise : toute la classe a entonné *Adieu monsieur le Professeur* de Hugues Aufray. Il était surpris et avait du mal à masquer son émotion derrière sa sévérité permanente. Avec lui, c'était l'école de la rigueur et de l'organisation. J'appartiens à une génération pas si vieille à qui les enseignants inspiraient de la crainte et de l'admiration pour le savoir qu'ils transmettaient. Dire cela paraît à la fois banal et exceptionnel au vu des défis souvent insurmontables auxquels la communauté enseignante est aujourd'hui confrontée, parfois au péril de la vie des professeurs, pris pour cible par les adversaires de la liberté et de la démocratie.

M. Ménès me fait penser à ce philosophe, Brice Parain, que je découvrais plus tard, encensant l'enseignement de « la bonne lecture et de la bonne écriture ». « J'ai le goût des alphabets, des déclinaisons, des modes et des temps verbaux, des syntaxes, des aspects de toutes les combinaisons par lesquelles les hommes, en quelque endroit de la terre, s'ingénient à rompre leur solitude et à prendre possession du monde », écrivait-il. En lisant ces lignes, j'étais renvoyé à mes années sur les bancs de classe. On n'imagine pas à quel point nos vies intérieures se forgeaient jour après jour entre ces murs de l'apprentissage.

Les jours de dictée étaient mes préférés. De ces moments initiatiques, j'ai développé depuis une exigence sur la syntaxe et l'orthographe qui ne laisse pas d'étonner les équipes avec lesquelles je travaille. Oui, l'école m'a appris à aimer la lecture. Dans la classe, un tableau dressait la liste des livres recommandés par le maître. Nous devions inscrire nos noms en face de chaque livre lu. De cette époque des premiers apprentissages, j'aimais surtout plonger dans les aventures des héros de bandes dessinées, en particulier celles de Tintin et de ses amis, tous plus loufoques les uns que les autres : le capitaine Haddock, le professeur Tournesol, la Castafiore, les Dupond et Dupont. Sans être burlesques, les albums de Tintin me faisaient rire, je voyais la satire des milieux représentés par ces personnages, la bourgeoisie surannée, l'intransigeance des sachants, la maréchaussée dépassée. Par-dessus tout, je m'attachais à ces êtres qui assumaient leur personnalité en se moquant du regard des autres.

Je me souviens d'avoir toujours connu une bibliothèque à la maison chez mon grand-père maternel. La présence des livres me rassurait. Et j'ai aujourd'hui chez moi, que ce soit en Corrèze ou à Paris, dans mes bureaux, beaucoup de livres de littérature, d'histoire, de sociologie ou de politique, mais aussi d'art et de voyage. J'ai toujours un livre dans mon sac. Lire dans le train, dans le métro, à mon bureau, chez moi, dans un café.

J'aime les lieux habités par les livres, les librairies, les bibliothèques et bien sûr les salons et les festivals qui permettent de rencontrer les écrivaines et les écrivains. Et en Corrèze nous sommes très gâtés avec la Foire du livre de Brive, ce salon au cœur de la France profonde, qui est l'événement le plus prisé du monde de l'édition, et pas uniquement pour la qualité de l'acheminement depuis Paris dans un train spécialement affrété, le « train des auteurs », où les participants sont choyés avec des produits locaux durant le trajet. La Foire du livre de Brive choisit chaque année plusieurs centaines d'auteurs parmi les plus appréciés ou remarqués. Toutes les personnalités que le grand public suit à la télévision ou dans les radios et journaux sont réunies pendant trois jours et le public afflue de toute la région. Littérature et terroir consacrent une alliance des sens, un pacte entre le corps et l'esprit. À Brive, on ne refuse pas un bon verre accompagné d'une grillade, on apprécie les belles mêlées sur le terrain de rugby et on se passionne pour les auteurs du moment. Les visiteurs s'inscrivent avec plaisir dans les longues files d'attente pour obtenir la dédicace d'une plume primée. Ils fouinent, évaluent du regard les photos des auteurs exposées avec le personnage « en vrai ». On réconcilie en quelque sorte Paris et la France profonde, on ose aborder les vedettes du petit écran ou les auteurs célèbres.

Enfant, j'y passais mes journées, prenant plaisir à déambuler dans les allées, me laissant porter par cette fête autour des objets sérieux que sont les livres. J'aimais me perdre dans ce brouhaha joyeux. C'était le contraire de l'école, le savoir s'ébrouait, le vacarme incitait à la rêverie. Une année, j'ai pris place dans la très longue file d'attente devant le stand de Bernard Pivot, alors en pleine gloire cathodique et littéraire avec son émission du vendredi soir, *Apostrophes*, sur la deuxième chaîne, alors appelée Antenne 2. Mon grand-père René était un grand fan de Pivot. Il s'était ému de la présence du journaliste à Brive. J'avais décidé de lui offrir son livre avec une dédicace de l'auteur. Après une heure d'attente, je me trouvai enfin face à la vedette du petit écran, ému. Bernard Pivot, affable, enchaînait les signatures sans discontinuer, demandant le prénom du récipiendaire pour la dédicace, souriant. Une fois le paraphe et un petit mot de courtoisie signés Pivot griffonnés sur la page de garde du livre, je courus à la maison, serrant le livre tel un talisman pour l'apporter à mon grand-père, heureux de cette attention qui lui était portée par son petit-fils.

Je mesurais les évolutions de mon apprentissage. L'inoubliable premier livre reste *L'Étranger* de Camus. Pouvoir aborder une œuvre aussi partagée que celle de Camus était vécu comme un rite initiatique. Je faisais mon entrée dans le monde des adultes avec ce livre, court, intense, bouleversant.

Ce livre, ce premier roman entre mes mains, je ne l'ai pas lu, je l'ai vécu. Je suis entré dedans et j'ai vibré au rythme des pages. Une succession de moments au cours desquels le personnage central du roman, Meursault, regardait avec distance son propre destin se jouer sur cette plage, puis au fil d'un procès au cours duquel il restait étranger à lui-même. Cette faculté de regarder sa propre vie se dérouler devant lui me fascinait. J'aurais aimé qu'il se reprenne, assure sa défense et sauve sa vie… Cette expérience intense de la lecture m'avait marqué et me donnait le goût d'ouvrir d'autres livres, alors que j'entrais dans l'adolescence. *Le Rouge et le Noir* de Stendhal reste associé aux parfums de cette période de ma vie. Les grandes vacances ne passaient plus forcément par le Cantal. J'ai passé un été sur la plage à lire ce roman ardu, exigeant, difficile à percer. J'ai été happé par ce drame de l'ambition et par ce héros stendhalien, Julien Sorel, déchiré entre des forces contraires, gouverné tour à tour par la pulsion et par la raison. Ce roman a agi sur moi comme une plongée dans un bac révélateur, une image que les plus jeunes, qui n'ont pas connu la pellicule argentique imprimée, ne comprendront pas. Les plus âgés, eux, savent : une réalité est apparue, née de la partition composée par le romancier. Stendhal avait coutume de dire : « Un roman est comme un archet, la caisse du violon qui rend les sons, c'est l'âme du lecteur. » C'est exactement ce que j'ai ressenti à la lecture de ce roman social, politique et intime.

Ce grand roman d'apprentissage, où l'on accompagne le héros dans sa vie, bouleversa le jeune garçon que j'étais en train de devenir. Julien Sorel, à sa manière, charriait le flot de questionnements qui emplissait ma vie intérieure, faisant jaillir mille questions. Comme lui, ayant grandi en province, j'aspirais à d'autres horizons. Réfugié dans les livres, tiraillé entre son orgueil et la lucidité sur sa condition, Sorel, ambitieux et malicieux, se prend de passion pour une femme qui lui est interdite, car mariée, et se brûle les ailes. J'ai aimé ce personnage qui a été une plaque sensible de mes quêtes et de mes questions. Je ressentais l'incandescence de l'époque, je voulais en être, j'en serais, tout en étant déterminé à ne pas terminer comme Julien Sorel sur le bûcher de ses vanités. *Le Rouge et le Noir*, qui sont les couleurs du désir et de la raison, a été mon premier livre politique. Il occupe une place à part dans ma bibliothèque intime. Lorsque je découvris plus tard que Stendhal avait grandi en se raccrochant aux livres, entre un père qui le méprisait et un grand-père qu'il adorait, je ne pus m'empêcher d'y retrouver de mystérieuses correspondances avec ma propre histoire.

J'ai découvert autour de mes dix-huit ans un autre auteur, Julien Green. Romancier tiraillé entre son amour du catholicisme et sa volonté de vivre librement son homosexualité, Julien Green est l'écrivain de la foi et de l'hypocrisie de la société. Né et mort avec le siècle, Julien Green a été oublié par les jeunes générations. Pourtant il a été précurseur dans bien des combats pour les libertés.

Plus tard, j'ai appris à connaître l'œuvre de Marguerite Yourcenar. J'étais et je suis toujours fasciné par son écriture, qui est pour moi celle de la pureté. Chose rare pour un personnage des lettres, sa voix représente aussi sa signature et j'écoute souvent ses enregistrements chez Bernard Pivot ou chez France Culture. Un livre récent raconte sa dernière relation avec un jeune photographe après le décès de sa compagne, à la fin des années 1970. C'est avec lui qu'elle ira fêter dans un restaurant du Marais sa réception à l'Académie française. Aujourd'hui, je suis la carrière d'un de ses petits-neveux, Amaury de Crayencour, un très bon comédien qui a joué avec Benoît Solès dans *La Machine de Turing*.

Ce que j'aime dans la littérature, c'est la connaissance de l'autre, entrer dans un univers que l'on ne connaît pas ou peu. Les livres nous aident à réfléchir sur les questions de société et à nous forger une vision politique. Le roman de Clara Dupont-Monod, par exemple, *S'adapter*, est un livre important sur le handicap et sur la politique d'inclusion. Elle nous sensibilise en décrivant le point de vue de ces personnes touchées par le handicap. Pour moi, il est impossible de réfléchir avec efficacité et sincérité à la question de l'égalité des chances tant que l'acceptation des personnes handicapées se heurtera aux indifférences ou aux toises technocratiques. Des progrès ont été accomplis, il est vrai. La société regarde autrement les personnes atteintes d'autisme. Le monde économique se fait plus accueillant. La réussite de la chaîne des Cafés Joyeux l'atteste et il faut mettre en œuvre des politiques publiques dans ce sens. C'est la raison pour laquelle des livres, mais aussi des films, comme *Hors normes* signé par le tandem Nakache-Toledano, ou *Un p'tit truc en plus* d'Arthus, remplacent des discours lénifiants sur le sujet.

La littérature sonde l'âme humaine et cette exploration m'a toujours attiré, surtout dans ces années de formation personnelle lors de l'adolescence. On cherche sa place dans le monde, on interroge son environnement, on noue des pactes secrets, on se murmure des promesses. Le livre peut être une chambre d'écho de la vie intérieure, accélérateur de particules émotionnelles et canalisateur des passions. Ce fut le cas avec le roman de François Mauriac, *Thérèse Desqueyroux*. J'ai dévoré l'histoire de cette empoisonneuse défendue par son mari à la seule fin de préserver les intérêts de sa famille et acquittée par le tribunal. Ce texte âpre me plongeait dans le cadre glacial de la bourgeoisie de province. Je revois encore mon pauvre exemplaire de ce livre torturé, trimbalé partout, publié dans la célèbre collection des Cahiers rouges de Grasset. Au fond, j'appartenais à l'univers que disséquait Mauriac. Je continuerais à aimer cette terre qui cultive la pudeur des sentiments et maintient une distance entre les êtres. Même à Paris, je continuerais à aimer la Corrèze.

Chapitre II

À me regarder, je m'habituerai

La réflexion revient telle une antienne dans la bouche des personnes les mieux intentionnées à mon égard : « On t'aime beaucoup mais on ne te connaît pas assez. » Manière affectueuse de pointer ma propension à une certaine réserve, au fait que je sois peu habitué aux épanchements. J'apprécie les moments de solitude. Toutefois, pendant mes jeunes années en Corrèze, les copains et la vie en bande comptaient pour beaucoup. Si j'ai évoqué la classe et l'apprentissage, il ne faut pas oublier que la vie d'écolier est également rythmée par les récréations et par les aventures enfantines.

Avec un certain nombre d'entre eux, ce compagnonnage a traversé le temps. J'ai connu mon ami Vincent sur les bancs de la primaire et nous nous voyons toujours. Il est d'une famille socialiste. Je me souviens de nos débats lorsque nous étions en CM2. C'était en 1988, pour le second tour de la présidentielle. Militants précoces, nous rejouions le duel Chirac contre Mitterrand ! Lui était Mitterrand, j'étais Chirac. À dix ans, la cour de récréation était un terrain pour la bagarre politique. Mon lien avec la politique n'était pas près de s'estomper…

Au lycée, je passais du temps avec Hermeline, Elsa et Sandra pour préparer un exposé dans le cadre du cours de sciences économiques et sociales. Notre choix se porta sur les partis politiques. Nous sommes allés auditionner tous ceux présents en Corrèze à cette époque : le RPR, l'UDF, le Front national, le Parti communiste, Lutte ouvrière, les Verts, le Parti socialiste, le Parti radical, etc. Et nous éprouvions du plaisir à leur poser des questions, à voir comment ils fonctionnaient, à leur demander quelle était leur idéologie. Hermeline et Elsa étaient déjà très engagées à gauche, Sandra, elle, penchait plutôt vers la droite. Ce travail fut joyeux et très approfondi. Je me souviens de l'entretien avec le responsable local du mouvement de Jean-Pierre Chevènement. Il nous a fait un exposé laissant entendre qu'ils étaient la principale force politique du département. Avant de nous indiquer, imperturbable, qu'ils étaient 5 adhérents sur l'ensemble de la Corrèze. Quand on a 16 ou 17 ans, difficile de réprimer un sourire. Mais il ne fallait pas vexer ce militant, du reste touchant dans son engagement. Le représentant du Parti communiste qui nous a reçus était sympathique et jovial. J'avais beau lui expliquer que cette idéologie n'était pas ma tasse de thé, il continuait à m'inciter à m'encarter chez eux. Je notais une forte volonté de mettre la jeunesse de leur côté.

Après avoir réfléchi à la question, nous avons décidé d'aller voir aussi des représentants du Front national. On souhaitait étudier les partis politiques, alors il fallait tous les rencontrer. Pour Hermeline et Elsa, toutes deux de gauche, se rendre chez une vieille dame, Mme Bonneau, qui dirigeait l'antenne corrézienne du FN, l'affaire n'était pas des plus plaisantes. La rencontre se déroula dans un climat tendu, nos visages étaient crispés et nous n'aimions pas son discours. On voulait nous faire croire que le FN était un parti comme les autres, mais ses propos étaient émaillés d'allusions contre les étrangers. C'était l'époque du parti de Jean-Marie Le Pen, un parti rance, clairement raciste, xénophobe et antisémite. Au-delà de nos engagements différents, Hermeline, Elsa, Sandra et moi, nous nous rejoignions sur la nécessité de combattre les idées de l'extrême droite et du FN. Je me souviens d'avoir manifesté devant mon lycée aux côtés de militants de gauche au moment où un jeune Comorien avait été abattu par des colleurs d'affiches lepénistes à Marseille. Je scandai le célèbre slogan antiraciste : « F comme fasciste, N comme nazi, à bas le Front national ! » Je ne crois pas avoir jamais été tenté par la gauche mais il ne faisait aucun doute pour moi que j'étais à ma place ce jour-là. Quant à Hermeline et Sandra, je les revois chaque été autour d'un bon dîner en Corrèze. Nous refaisons le monde.

J'ai aimé mon enfance. Pour autant, j'aime reprendre la phrase célèbre de Paul Nizan tirée de son roman *Aden Arabie* en affirmant que je ne laisserais personne dire que vingt ans est le plus bel âge de la vie.

À cette époque, des tensions intérieures et des émois me taraudaient. À la dérobée devant les miroirs, j'étais assailli par des bouffées de solitude au cœur de mes groupes d'amis. Une vérité prend forme. Mon chemin de vie sera en dehors des normes établies. Ayant grandi dans l'admiration d'un grand-père combattant de la liberté, je n'imaginais pas que j'aurais à mon tour à me battre pour faire accepter ma propre liberté. Celle de m'assumer et de vivre en tant qu'homosexuel.

Était-ce facile lorsqu'on vit dans un milieu de province, où la pudeur publique corsète les états d'âme ? Assurément pas. Dans ce monde soumis aux impératifs de l'économie, sous la houlette de la religion et des traditions, se déclarer homosexuel revenait à s'exposer au silence ou à la réprobation tacite du corps social. Être homosexuel en province dans les années 1990 n'était pas chose aisée. On le cachait.

C'était au sein de ma famille que je me sentais le plus en sécurité. Les conversations sur la vie intime s'invitaient rarement à table. Le silence s'érigeait en mur de tolérance et en respect de la vie privée de chacun. Mais cette promesse de liberté, ce combat à mener, il devait se réaliser à Paris. Car quand on a un parcours comme le mien, quand on a dû se cacher, cette liberté était difficile à assumer.

J'ai découvert Bertrand Delanoë en 1998 dans une émission de M6, alors qu'il était le premier homme politique français et élu contemporain à révéler et à affirmer clairement son homosexualité. Je l'avais trouvé courageux, simple et sincère, parce que son acte permettait de libérer d'autres personnes sur un sujet qui est devenu moins tabou aujourd'hui. Il était sénateur de Paris. À mes yeux, ce n'est d'ailleurs pas un sujet. Chacun a le droit à la différence et à l'indifférence. Bertrand Delanoë a eu beaucoup plus de pudeur et de simplicité dans l'évocation de sa vie privée que celles et ceux qui exposent en permanence leur couple hétérosexuel dans les magazines. C'était à son honneur de l'avoir fait ainsi. Il faut imaginer la difficulté d'évoquer ce sujet dans un monde où on n'en parlait pas, ni en politique, ni dans les familles. Quand vous êtes prêt à en parler, mais que certaines de vos connaissances continuent à parler des « pédés », vous avez plus de mal à évoquer le sujet. Ce fut une grande difficulté pour notre génération. Il s'est trouvé des gens qui l'ont assumé très facilement, je les remercie, et les en félicite. Pour moi, ç'a été un parcours plus difficile. C'est d'abord le poids de l'anonymat qui fait souffrir. L'enjeu, c'était de rencontrer d'autres personnes qui vivaient la même chose. Ces cooptations permettaient de mieux se construire. À l'époque de mon adolescence, on n'en parlait ni à l'école, ni avec les amis. Donc on devenait taiseux. Quand vous avez dissimulé votre homosexualité pendant longtemps, considérant que cette information ne serait pas bien reçue, vous en gardez quelque chose en vous. Je suis heureux que les nouvelles générations aient plus de facilité à dire et à assumer.

L'homosexualité était visible pour certaines personnalités, un écrivain, des stars de la télévision. Et progressivement, la situation s'est débloquée. Je m'en réjouis. Il y a une éducation des parents à faire, pour qu'ils soient capables de comprendre les évolutions inattendues de leurs enfants. L'école forme des jeunes qui seront ensuite des parents. Des progrès ont été accomplis mais il reste du chemin à parcourir. La tolérance, c'est accepter chez l'autre ce qu'on n'accepterait pas pour soi. Cela demande forcément un effort.

Cette réserve, parfois difficile à comprendre, est aussi liée à mon caractère. Je suis quelqu'un de pudique et qui ne parle pas facilement de sa vie privée. Et d'ailleurs, je n'ai pas l'intention d'en parler. Simplement, « je suis homo » et ça ne me paraît pas superfétatoire.

Je souhaite évoquer un autre sujet crucial, une question emblématique au cœur de notre pacte républicain : la liberté des femmes. Quand certains considèrent que l'interruption volontaire de grossesse (IVG) n'est pas un progrès, que l'on n'a pas besoin de la constitutionnaliser, qu'elle n'est en rien une solution pour les femmes, il s'agit d'une atteinte très grave à la liberté des femmes de disposer de leur corps, et d'une régression absolue. L'ultra-conservatisme c'est non ! Regardez la question des « thérapies de conversion », l'idée que l'homosexualité peut être soignée. Il n'est pas anodin d'avoir dans un gouvernement des personnes (je pense à Mme Laurence Garnier, envisagée au ministère de la Famille) qui considèrent qu'il faudrait remettre dans le droit chemin des personnes dont l'orientation sexuelle leur déplaît. C'est là une atteinte très grave au principe d'égalité des droits et de la liberté de vivre sa vie comme on l'entend. Avoir nommé dans le gouvernement des personnalités qui expliquent qu'il faut soigner les personnes homosexuelles, ça me révolte.

Pour le jeune homme que j'étais, Paris était une promesse, une promesse de liberté pour le monde entier comme l'a proclamé l'écrivain Kamel Daoud en recevant le Goncourt en 2024. Une nouvelle flamme patriotique est portée par des personnes qui ont fait le choix de la France et qui en sont fières, à l'heure où notre pays, traversé par des doutes et par des colères, succombe à l'autodénigrement. Promesse de liberté pour ces femmes et ces hommes qui fuient la guerre, des conditions de vie difficiles et l'oppression, leur espoir porte un nom : Paris. Pour beaucoup, Paris, c'est la possibilité de suivre des études, de faire des rencontres et de trouver un travail. C'est une ville où sont venues des milliers de personnes parce qu'elles savaient qu'elles pouvaient vivre leur vie comme elles l'entendaient. Mais ce havre de paix est menacé lorsqu'on constate la montée des comportements LGBT-phobes à Paris et au sein de notre pays.

Comme député en 2017, j'ai consacré mon premier rapport à la lutte contre les discriminations dans le domaine du sport. Après avoir longuement travaillé avec les professionnels, beaucoup auditionné, on ne pouvait que constater que le sport, supposé être un lieu de cohésion sociale et d'émancipation individuelle, était aussi celui de la reproduction des discriminations.

Il faut former les cadres à lutter contre ces dérives. J'en avais discuté avec Jacques Toubon, à l'époque Défenseur des droits, très sensibilisé aux discriminations. Quand un entraîneur de foot dit : « Vous jouez comme des pédés », il a forcément dans son vestiaire des jeunes homos qui se sentent insultés et stigmatisés. Il est ainsi beaucoup plus difficile pour ces jeunes d'assumer leur identité. La formation contre ces discriminations est absolument essentielle et doit permettre aux encadrants, dans le domaine de la culture ou des sports, de percevoir les sensibilités chez des adolescents.

Ce sont des sujets sur lesquels on ne peut pas transiger. Il faut agir vite. Pendant longtemps, j'ai été plus progressiste que la droite et plus conservateur que la gauche, mais dans les actes que j'ai posés, comme député, j'ai voté la PMA pour toutes et évidemment l'interdiction des thérapies de conversion. Je suis favorable à une société de progrès. Je pense que ce qui est essentiel, c'est que chacun puisse vivre sa vie comme il l'entend, disposer de sa vie et la construire comme il a envie de l'assumer. L'important pour des parents, c'est que leurs enfants soient heureux.

C'est aussi cela, la promesse de Paris : une vie de liberté et de tolérance. Une société ne peut être monolithique. Paris est une ville-monde, une cité diverse et cosmopolite, et c'est heureux ! Je me bats contre les LGBT-phobies non parce que je suis homo mais parce que je ne peux accepter la haine de l'autre. Je combats l'antisémitisme. Je combats toute forme de racisme, toute exclusion de l'autre pour ce qu'il est. Je ne souhaite pas que les citoyens se replient, mais qu'ils vivent comme ils l'entendent en assumant que l'autre vive avec eux et parmi eux. J'ai une vision universaliste de ces combats. Le combat contre l'antisémitisme, c'est le combat de toute la société, de toutes les religions, de toute obédience.

L'antisémitisme est un poison. Quand un citoyen de culture ou de confession musulmane est confondu avec un islamiste, je m'indigne et j'agis. La haine de l'autre, c'est non. La République aime toutes ses filles et tous ses fils, quel que soit leur statut, leur origine, leur condition sociale, leur sensibilité. La laïcité participe de cette vision universelle. Elle est un principe d'organisation de la société qui permet de protéger les croyants comme les non-croyants, assuré par la neutralité de l'État, qui ne méconnaît pas les religions, mais qui protège chacun dans son intégrité de pouvoir croire ou ne pas croire. Chaque citoyen doit être protégé dans ses multiples identités. La République représente cette communauté nationale qui nous permet de vivre ensemble, qui nous protège dans notre diversité. Si nous vivons séparés, plus rien ne pourra nous permettre de faire du commun ni de protéger notre différence. S'il n'y a pas de socle commun, ce sera la loi du plus fort. Maire de Paris, je ne tolérerai aucune faiblesse sur ces sujets.

Chapitre III

À nous deux Paris !

En arrivant dans la capitale, j'ai le désir – qui ne durera pas longtemps – de préparer les concours administratifs et de passer l'ENA. Finalement, je rentre dans la vie professionnelle, j'ai besoin de travailler. Paris est un coup de foudre. J'habite le quartier Montparnasse, j'aime cet anonymat, qui permet d'aller et venir en toute quiétude, d'être au cinéma à l'heure qu'on veut, de découvrir le théâtre. La vie parisienne est si riche. Je m'enivre de cette liberté, de retrouver des amis, de découvrir les quartiers en marchant le jour ou la nuit.

J'aime dîner à n'importe quelle heure et aller me promener, découvrir la beauté de cette ville, parce que Paris est une beauté : vagabonder sur les quais de Seine, s'émerveiller devant le musée d'Orsay, devant la Conciergerie ou l'Hôtel de Ville – dont j'ignorais à cette époque à quel point il serait central dans ma vie –, découvrir des quartiers plus populaires, me promener dans les endroits bourgeois. Hemingway l'avait écrit, Paris reste pour moi une grande fête. J'aime marcher à la tombée de la nuit, apercevoir au loin les appartements éclairés. C'est la grande différence avec la Corrèze : les appartements illuminés, la vie des gens. La cohabitation d'univers différents dans une même ville m'a toujours fasciné.

Je rate le concours de l'ENA. Je n'ai pas envie de continuer, cela demande beaucoup de sacrifices pour une envie de moins en moins résolue, et ce parcours semble trop académique, alors que j'ai besoin dans mes engagements d'une vraie liberté. Enfermé dans un cadre contraignant, j'ai rapidement l'envie d'en échapper.

J'assiste à des réunions politiques avec curiosité. Je l'avais déjà fait à Toulouse. Je cherche à y confirmer ce que je ressens être une attirance, peut-être une vocation : consacrer ma vie à l'intérêt général. Je n'ai jamais eu l'âme partisane, au sens où je n'ai jamais considéré, même jeune, qu'un parti possédait la vérité absolue, mais qu'il fallait au contraire penser par soi-même et garder une certaine liberté de ton. Pour autant, j'avais compris que sans parti, il était impossible de faire vivre la démocratie. Je suis donc allé aux réunions de tous les partis, poursuivant l'apprentissage commencé sur les bancs du lycée… Évidemment, les partis républicains, modérés, étaient les plus proches de mes idées. Les socialistes, les centristes, les droites sociales, humanistes et libérales… Aujourd'hui, je ne pourrais plus aller à une réunion du PS, on s'étonnerait : « Qu'est-ce qu'il fait là, Bournazel ? » Je le regrette. J'aurais aimé aller voir Glucksmann en meeting. La vie des partis, des opinions, des idées, ça m'a toujours intéressé.

En attendant de trouver ma voie, je donnais des cours, comme pendant les vacances pour des classes qui préparaient le bac ou un concours. Mon éveil politique s'est produit à la fin des années Mitterrand. À ce moment-là, ça ne donnait pas beaucoup envie de voter pour la gauche, qui s'était embourgeoisée et abîmée au pouvoir. Ce qu'on retenait, c'était qu'il y avait eu beaucoup d'engagements et que les promesses s'étaient dissoutes dans les renoncements.

Les socialistes devaient changer la vie, et pour certains elle changea mais pas en bien. Coluche était venu au secours des plus démunis et avait insufflé aux gouvernants la création d'un filet social, le revenu minimum d'insertion (RMI) qui sera remplacé par le RSA. Les Restos du Cœur, grande idée humaniste, créée sous la férule de l'humoriste, étaient nés sous la gauche au pouvoir. Mais les dérives affairistes et l'émergence du Front national, parti xénophobe, assombrissaient le tableau des années Mitterrand. En 1995, deux camarades du lycée m'ont fait connaître l'action des Restos du Cœur à Tulle. Je les ai alors aidés à la collecte de denrées alimentaires. À Paris aussi, j'ai pu participer à plusieurs maraudes et à de nombreuses distributions alimentaires.

J'ai un respect immuable pour tous les acteurs professionnels et bénévoles de ces organisations ou associations humanitaires. J'y ai développé une vraie conscience sociale et une préoccupation de l'autre qui souffre et que certains ne veulent ni voir ni entendre. Il faut prendre soin de chacun et agir en conséquence. Au début des années 1990, on a senti le désir d'un changement, avec une droite et un centre porteurs d'une nouvelle promesse, portée par le charisme de Chirac, le condottiere de la Corrèze. C'est de ce côté de l'échiquier que je me retrouve.

Grâce à une amie, Bénédicte, connue pendant les années Sciences Po, je tombe sur une opportunité au cabinet de la maire du XVIIe, Françoise de Panafieu. Je suis recruté pour m'occuper des questions d'urbanisme de l'aménagement du nouveau quartier des Batignolles. Très vite, Françoise de Panafieu est candidate aux primaires de la mairie de Paris. Je lui propose des idées. S'occuper du logement, c'est l'occasion de recevoir beaucoup de gens et d'écouter leurs problèmes. Il y a d'un côté l'aspect humain et concret et de l'autre l'aspect compétences et connaissance des dossiers. Elle m'annonce assez rapidement son envie de me confier d'autres responsabilités, notamment les relations avec les médias. Et tout s'enchaîne très vite.

J'aimais le côté frondeuse de Françoise, son côté « cash » qui ne s'en laisse pas conter, qui, dans un monde d'hommes affirme qu'elle est une femme politique et qu'elle a autant de qualités que ses collègues. En 2001, elle a mené la fronde contre le système en place au sein de la droite parisienne. Elle est franche, elle connaît le terrain, les Parisiens et ce qui se passe dans leur vie. Elle a dû affronter trois hommes, Claude Goasguen, Jean Tiberi et Pierre Lellouche, qui ont décidé de lui faire la peau. On lui fait comprendre que l'élection n'est pas un « concours de beauté », l'expression deviendra un must du machisme. Elle ne s'est pas laissée impressionner et elle a gagné la primaire haut la main.

Je comprends avec cette première campagne que la politique est un milieu sans pitié. Grâce à Françoise, j'avance bien et vite mais je vois que cela suscite des jalousies.

Françoise de Panafieu était progressiste sur beaucoup de questions dans ce parti de droite qu'était l'UMP. Elle était en phase avec son époque, même si la gauche a tenté de la caricaturer parce qu'elle avait senti le danger venant d'une femme libre, légitime, compétente et qui assumait ses cheveux blancs. Elle est issue d'une grande famille industrielle du côté de sa mère, d'une famille de résistants du côté de son père, qui fut ministre du général de Gaulle. Je la remercie de la confiance qu'elle m'a donnée. Nous sommes devenus amis.

La campagne m'avait passionné. L'urbanisme dessine une politique de la ville. Françoise comprenait que je portais des idées progressistes. Elle me questionnait beaucoup car « il est un peu différent, il n'est pas du sérail ». Elle tenait compte de mes avis. Françoise n'a pas plu à une certaine droite parisienne. Elle avait pris des positions fortes et certains m'accusaient d'être son mauvais génie. Il est vrai qu'à l'époque, elle s'était prononcée pour la célébration des PACS en mairie et pour l'expérimentation du droit de vote des étrangers aux élections municipales. Non pas parce que je lui avais soufflé ces idées mais parce qu'elle était l'héritière d'une tradition gaulliste, celle de la résistance, du courage d'oser porter des idées nouvelles. J'étais séduit par cette liberté, en écho aux récits et enseignements de mon grand-père, héros de mon enfance.

Elle a fait partie du club des femmes de Simone Veil. Sa mère, Hélène Missoffe, avait été d'ailleurs secrétaire d'État auprès de Simone Veil. L'idée de progrès, la place des femmes, l'égalité femmes-hommes... Avant-gardistes à l'époque, ce sont ces idées qui m'ont formé et auxquelles je reste fidèle.

Très jeune, j'avais été marqué par l'histoire de la persécution des femmes. Je pense notamment au Manifeste des 343 qui défendait le droit des femmes à disposer de leur corps, à être libres de vivre leur vie comme elles l'entendaient. Ce sont des combats qui ont marqué ma construction politique et que je porte. La cause féministe n'est pas « wokiste » mais universaliste, cette belle idée combattue par les défenseurs radicaux des identités. Il y a eu beaucoup de progrès et il en reste à faire, notamment en politique, un monde d'hommes conçu par et pour des hommes. Il est plus difficile pour une femme d'y faire sa place. Mais ce combat se mène grâce à des figures intellectuelles, de la littérature, mais aussi grâce à des femmes engagées dans la vie sociale et économique.

Là est l'enjeu pour les combats qui se profilent. Il est plus simple, lorsqu'on se dit de gauche, de défendre une idée progressiste. Mais quand on est issu du centre-droit et qu'on veut rassembler des personnes de droite et de gauche modérées, on peut être attaqué des deux côtés. C'est ce que j'ai compris aux côtés de Françoise de Panafieu. On n'est jamais assez progressiste pour les gens plus à gauche, mais on est l'est trop pour des gens plus conservateurs. C'est ce qui rend les combats plus difficiles. Or ils sont décisifs.

Chapitre IV

Le choix des valeurs

Nous avons, telles les facettes d'un kaléidoscope, de multiples identités. Chacune d'entre elles doit être protégée. Ce qu'il y a au-dessus de nous, et ce qui nous protège, c'est la République, la communauté nationale qui nous permet de fonder un corps social dans la diversité de ce que nous sommes. Parce que séparés, plus rien ne nous protégera collectivement et individuellement.

Je refuse et abhorre le sectarisme, l'enfermement dans des carcans dogmatiques. Je veux protéger les valeurs aujourd'hui menacées et je soutiens des femmes et des hommes venus de la gauche ou de la droite, s'ils sont attachés aux valeurs républicaines et démocratiques, menacées par la radicalisation du débat public à l'extrême droite comme à l'extrême gauche. Une partie de la droite court désormais après l'extrême droite tandis qu'une partie de la gauche s'est déjà soumise à l'extrême gauche. Il faut avoir de la lucidité et du courage pour défendre l'essentiel, et donc apprendre à travailler avec des hommes et des femmes aux parcours différents, avec une sensibilité singulière, en étant convaincus que ce que nous avons en partage est plus important que ce qui nous sépare. Il va falloir se retrousser les manches afin d'agir pour Paris et pour notre pays. J'apprécie de dialoguer avec des personnes aux parcours différents, avec des idées complémentaires car c'est enrichissant. Le monde évolue, la société aussi. Et il n'y aurait que la politique qui n'évoluerait pas ? Un responsable politique doit être en phase avec la société dans laquelle il vit, anticiper les enjeux. Les idées pour moi, c'est le mouvement. L'idéologie, c'est la fermeture, le dogmatisme, l'incapacité à rassembler, à comprendre et à prévoir les évolutions. Les idées mènent le monde et il faut repérer leur force de propulsion. J'ai toujours été attentif du fait de mes lectures, de mes rencontres, à penser contre moi-même. J'admire, je le dis ironiquement, ceux qui ont tellement de certitudes et de réponses à tous les sujets à tout moment. Cette attitude est à l'inverse de celle que doit adopter un bon responsable politique. Il doit défendre les valeurs fondamentales, tout en rassemblant les compétences, les intelligences et les bonnes volontés. Il ne faut pas seulement être en équilibre mais surtout équilibrer. Si on prend le risque d'accentuer les fractures d'une société, on devient dangereux. Le pouvoir n'est pas un jeu. Il doit être utilisé au service des citoyens. Nous n'assurons le pouvoir que de façon temporaire. D'où une indispensable humilité, qui doit être la caractéristique de tout engagement. Beaucoup de politiques français devraient s'inspirer de ce qui se fait ailleurs, surtout quand on se souvient d'un Jean-Luc Mélenchon éructant : « La République, c'est moi ! »

Je retiens des années que nous venons de traverser que la conception « jupitérienne » du gouvernement est obsolète et désintéresse les Français à la vie publique. Le management vertical nourrit la défiance et la colère. Ainsi que l'a écrit l'historien Jean Garrigues, expert dans l'analyse des mécanismes du pouvoir, dans une tribune au *Monde*, « le temps du monarque présidentiel est révolu, l'exigence de participation est irréversible ». Le fil rouge des crises qui tissent les années de la présidence Macron est le désaveu des acteurs institutionnels, un rejet massif qui délégitime les acteurs publics et les élus. La disparition des grands partis de gouvernement qui signe l'arrivée au pouvoir d'Emmanuel Macron amorce une procédure de divorce entre les Français et la politique due à la faillite de l'alternance entre la droite et la gauche. Une crise de légitimité traverse notre pays. Elle touche tous les acteurs politiques, y compris les édiles dans les mairies, de plus en plus souvent agressés. Comme une antienne, les maires expriment chaque année leur désarroi lors de leur congrès qui se tient à Paris. La demande de considération est générale dans une société française qui rejette la verticalité. De nouvelles pratiques politiques doivent urgemment apporter des réponses à cette crise qui peut ouvrir la voie à la violence et à la démagogie.

Le 9 juin 2024, la candidate de la majorité présidentielle aux européennes, Valérie Hayer, réalise dans ma circonscription moins de 14 %. Trois semaines plus tard, je fais 33 % au premier tour. Je serai arrivé à élargir le socle de départ qui était le mien. J'ai pu agréger des hommes et des femmes venus de sensibilités politiques bien différentes. Mais cela n'a pas suffi. Très souvent, les habitants me déclaraient : « Je vous connais, je suis de gauche et je voterai pour vous. » Quand les gens venaient d'emménager dans la circonscription, ils me disaient : « Vous êtes probablement très bien mais je suis Nouveau Front populaire (NFP), donc je vote pour le candidat du NFP. » Dans cette campagne, ce qui m'importait, c'était de montrer ma combativité et mon honnêteté intellectuelle. Je n'ai pas dévié de ma route, pas changé de circonscription. J'ai mené ce combat en toute loyauté.

Je me souviens d'une anecdote au tout début de ma première campagne à Paris dans le XVIIIe arrondissement. Je me présentai à un président d'association qui me dit : « Vous êtes bien jeune et fort sympathique, mais vous ferez comme les autres, vous ne ferez pas long feu et on ne vous reverra pas. Ici, on est habitué aux météorites et aux parachutés. » Dans ses propos, je diagnostiquais un ressentiment, une tristesse de se sentir aussi peu considéré. Quelques années plus tard, lorsque j'ai été intronisé citoyen d'honneur de la République de Montmartre, le même homme, qui était en fait le président de l'association, Jean-Marc Tarrit, a déclaré : « Je note que tu as tenu tes engagements, que tu es constant et que tu es ici, dans notre village, devenu un ami et une évidence. »

C'est dans le XVIIIe arrondissement que j'ai décidé de construire ma vie politique. En 2007, il m'a été proposé de m'engager dans la campagne municipale afin de devenir conseiller de Paris après avoir œuvré pendant trois ans, sept jours sur sept sur le projet. Françoise de Panafieu, qui a toujours eu le souci de soutenir la jeune génération et l'élégance de s'engager pour elle, m'a laissé libre de choisir : me présenter sur la liste dans le XVIIe ou partir au combat dans l'arrondissement de mon choix. Après avoir réfléchi, je lui ai exprimé mon envie de solliciter les suffrages des Parisiens du XVIIIe arrondissement dans lequel je venais d'emménager. J'appréciais sa diversité, son histoire, sa jeunesse, son dynamisme et la difficulté de la tâche. Combien de fois ai-je entendu des personnalités me dire : « Tu n'y arriveras jamais », « C'est très très à gauche », « Je vais t'aider à trouver un lieu plus favorable ».

Certains vont croire à une forme de « masochisme ». J'ai plutôt le caractère d'un tenace. Je voulais construire dans la durée et me présenter là où je vivais et où je me sentais bien. Dix-huit ans après, on ne pourra me reprocher ni la facilité, ni l'infidélité. J'ai montré de la constance et de la cohérence. Élu et réélu au conseil de Paris, élu comme député, j'ai toujours été à l'écoute, présent aux manifestations associatives et citoyennes, j'ai élaboré des idées et des projets.

Bref, une opposition au travail, constructive et proche des administrés. J'aime les gens, dit-on. Comment faire de la politique autrement ? On ne peut mentir et se mentir sur une telle durée. Car après toutes ces années, je prends toujours le temps d'aller à la rencontre des habitants. J'y ai beaucoup appris et compris des attentes en matière de logement, de vie sociale. J'ai évolué sur les questions sociétales, me suis ouvert à de nouvelles idées. Je me suis aussi engagé contre le bétonnage et l'hyper-densification à l'heure du réchauffement climatique. Aux côtés des habitants contre le projet de la ville de bétonner le stade Championnet, j'ai réussi à faire classer la parcelle en zone urbaine verte après avoir fait reculer la ville qui a craint la mobilisation citoyenne incroyable et ses 10 000 pétitionnaires.

Beaucoup de Parisiennes et de Parisiens m'ont aidé à mieux comprendre des sujets jusque-là incompris. La richesse de la diversité de la population m'a renforcé dans ma lutte résolue contre la haine de l'autre, contre le racisme, l'antisémitisme ou les LGBT-phobies. J'ai accompagné des femmes battues ou des mamans « solos » pour trouver un hébergement et leur ouvrir de nouvelles perspectives. J'ai plaidé la cause de familles précaires vivant dans des appartements insalubres et tant d'autres personnes en difficulté en raison d'un accident de la vie ou d'un handicap. Je n'ai pas toujours réussi mais je me suis battu pour elles avec conviction et détermination. La politique est pour moi un humanisme.

Sa raison d'être est le service des autres et notamment de celles et ceux qui n'ont aucune relation. Je suis souvent la seule relation de ceux qui n'en n'ont pas. Les associations : Oasis 18, le Petit Ney, Montmartre à la une, la Croix-Rouge, le Secours populaire, la Vie Dejean, Championnet Sports, la Protection civile, la Table ouverte, Fraternité 18, la Sierra Prod, Home Sweet Môme – m'ont densifié. Leur engagement est exemplaire et mérite notre soutien et notre considération. Il est source d'idées pour notre projet d'avenir.

Le XVIIIe arrondissement est une terre d'accueil et d'immigration. On y vient de tous les continents et de toutes les cultures. On y partage le goût des autres. C'est ainsi que je propose de diffuser plus largement l'apprentissage de la langue française aux parents afin de leur permettre une meilleure intégration dans la vie sociale et économique mais aussi pour lutter contre les inégalités dont leurs enfants font l'objet. Comment bien apprendre à l'école quand vos parents ne connaissent pas ou peu la langue de votre enseignement ?

Je combats l'intégrisme, tous les intégrismes. L'intégrisme religieux. L'intégrisme islamiste qui a conduit aux attentats de 2015. Nous devons être résolus à le combattre partout. Toute circonvolution serait une faiblesse et une faute morale. L'ambiguïté de certains sur ce sujet est inacceptable. La France doit s'honorer d'affirmer ses principes fondamentaux, républicains et démocratiques. La liberté ne se négocie pas. Paris doit honorer les victimes de *Charlie Hebdo*, du Bataclan, de l'Hyper Casher et tous les autres assassinés par des barbares haineux. Cette clarté nous oblige à ne jamais céder au communautarisme, porteur de division de la nation. L'islamisme politique est un projet global qui discrimine les femmes et impose un modèle unique à chacune et à chacun. Il interdit la liberté et la différence. Il est profondément antidémocratique, anti-Lumières. Ses victimes sont nombreuses et nous avons vécu l'horreur du terrorisme islamiste sur notre sol.

Les musulmans sont les premiers touchés par ce totalitarisme. Partout en Syrie, en Irak, en Libye, en Iran, en Afghanistan et ailleurs, il pourchasse, emprisonne et tue toutes les voix de la liberté. En France, nos concitoyens de culture ou de confession musulmane se sentent de plus en plus oppressés par cette menace islamiste d'un côté et par le développement d'un discours haineux à leur endroit qui les amalgame aux islamistes. Pourtant, ils sont des citoyens comme les autres qui aspirent à vivre comme ils l'entendent et sans être en permanence sous pression des uns et des autres, ou obligés de se justifier de leur croyance. Paris est une ville cosmopolite qui doit accueillir et respecter toutes les cultures. Tous mes amis musulmans m'ont fait part de leur soif de liberté et de leur refus des injonctions religieuses ou politiques provenant d'extrémistes qui portent la haine des musulmans dans le débat public.

Pourquoi certains nient-ils les comportements antimusulmans ? Pourquoi d'autres sont-ils silencieux sur l'islamisme ? Les deux affaiblissent le pacte républicain et la promesse d'émancipation. L'islam est bien évidemment compatible avec la République et nous devons organiser ce culte comme nous avons réussi à le faire pour le catholicisme, le judaïsme ou le protestantisme.

Enfin, il faut laisser la société civile s'épanouir sans la confronter en permanence avec la religion. Nombre de nos concitoyens de culture musulmane sont athées, agnostiques ou pratiquants irréguliers : pourquoi les voir toujours sous le prisme religieux ? J'admire profondément Latifa Ibn Ziaten, mère courage, qui a perdu son fils Imad Ibn Ziaten, militaire assassiné par Mohammed Merah. Elle porte un discours juste et courageux. Elle œuvre ardemment pour la concorde civile, la lutte contre les haines et contre l'obscurantisme et agit contre la radicalisation par des actions concrètes dans les quartiers ou dans les prisons.

Dans le XVIIIe , je croise chaque jour des artistes qui ont choisi d'y vivre : acteurs, peintres, écrivains, musiciens… Je vais au Studio 28, une des salles indépendantes, au Louxor magnifiquement rénové côté Barbès. Je découvre de nouveaux artistes lors des vernissages, je me rends au théâtre de l'Atelier, des Abbesses, de l'Étoile du Nord de la Reine-Blanche, du Lavoir moderne parisien, des Béliers parisiens, de Montmartre-Galabru, des Deux-Ânes, de Dix-Heures ou à l'Élysée-Montmartre, à La Cigale ou au Trianon pour des concerts ou chaque année à La Scène Barbès, au 360…

Hier encore, j'allais chaque mois chez Michou, mon ami, mon prince bleu de Montmartre. Le XVIIIe est éclectique : on peut passer du Lapin Agile à Madame Arthur pour des soirées étonnantes et pétillantes. Du musée de Montmartre parfaitement rénové à la Halle Saint-Pierre dédiée à l'art brut et naïf, je navigue entre œuvres d'art et découvertes de talents. De Suzanne Valadon aux artistes de la place du Tertre, de Claude Nougaro à Alain Bashung, de Dalida à Patachou, de Picasso à Ann Thomson, de Henri Landier à la scène du rap de la

Goutte-d'Or, de Fabrice Luchini à Mélanie Laurent, nous sommes au cœur de la création. J'aime Paris, j'aime le XVIIIe, ses habitants et ses artistes. C'est un lieu où souffle un esprit particulier qui nous entraîne loin.

Chapitre V

Être maire de Paris, c'est d'abord l'aimer

Paris est une signature exceptionnelle. Mode, architecture, cinéma, la ville inspire le monde. Elle est un modèle unique. Son charme est incomparable, sans nul autre pareil, si ce n'est Rome dont elle est comme la jumelle. Paris est une promesse pour celles et ceux qui veulent exprimer leur singularité en toute liberté, un rêve que l'on peut vivre. Cinéma, théâtre, patrimoine, cafés, architecture sont les mots qui reviennent chez tous les amoureux de Paris du monde entier. Les plus beaux Jeux olympiques et paralympiques ont été organisés dans notre cité et c'est à Paris que les producteurs d'*Emily in Paris*, ont voulu tourner leur série.

À Paris, on est de toutes les cultures, de toutes les couleurs et de toutes les origines. Destination la plus touristique de la planète, engagée dans la compétition des métropoles les plus innovantes, elle porte une ambition de « ville monde ». Paris est aussi la capitale la plus dense d'Europe en superficie :

105 km² et même 87 km² sans les bois de Boulogne et de Vincennes. J'aime les « petits Paris » qui ont construit notre modèle, notre différence, du Vieux Paris à Haussmann, grand visionnaire qui a amené la beauté de la pierre et le progrès avec l'assainissement. Car Paris doit d'abord être une ville habitable. Il suffit de marcher dans les rues de Paris pour s'apercevoir de la multiplication des boutiques de souvenirs…

Je m'engage contre l'uniformisation de Paris, je souhaite soutenir les librairies, cinémas, théâtres et autres commerces de proximité de qualité qui disparaissent au profit d'enseignes standardisées sans que la mairie de Paris fasse quoi que ce soit afin d'enrayer ce phénomène néfaste. Notre qualité de vie se fonde dans la diversité des 81 quartiers de la capitale. Chacun a sa propre identité. Nous nous réclamons d'abord de la Butte-aux-Cailles, de la Goutte-d'Or, de Montmartre, du Trocadéro, de Passy, de République, de Belleville avant d'être d'un arrondissement. Ces quartiers sont des villages, avec leurs bistrots, leurs squares, leurs boulangeries, leurs épiceries, leurs disquaires et leurs places… Chacun y façonne son rituel.

J'aime marcher dans Paris, découvrir de nouveaux lieux, admirer les formes d'architecture. C'est un moment privilégié pour apprécier la beauté de Paris. Je souhaite davantage végétaliser notre capitale, trop minérale et abîmée par des aménagements urbains hasardeux et par un certain mobilier urbain carrément laid. La prochaine mandature doit être celle de la qualité de vie, qui allie beau et vert. Je plaide pour une ville harmonieuse dont on prendra soin avec goût.

J'ai appris à aimer Paris, du quartier Montparnasse à Montmartre en passant par le Marais et le canal Saint-Martin. Mon XVIIIe arrondissement, j'y tiens profondément. Ses habitants m'ont tant apporté. Je me suis bonifié à leur rencontre. Le XVIIIe, qui compte près de 200 000 habitants, est un petit Paris de la diversité avec ses atouts, ses difficultés et ses contradictions… On y croise toutes les générations, toutes les conditions sociales et toutes les origines. Comme citoyen et élu de l'opposition, je me suis engagé inlassablement. J'ai multiplié les réunions publiques, les permanences, les rencontres dans les rues, les visites de commerçants. Je ne remercierai jamais assez ces hommes et ces femmes – je pense aux compagnons de route Martine de Bonneuil, Christian Honoré, Fadila Mehal, Rachid Arar, Ginette Philips, Michel et Janine Langlois, Frédéric et Catherine Loup, à la famille Roussard, à Samir Belaïd, Zélia, Guy, Florentin Lumbroso, Yveline Piarroux, Stevy Lefranc, aux amis partis trop vite, Michou, notre ministre de la Nuit, Claude Lambert, Claude Devers, Marielle-Frédérique Turpaud… Et à tellement d'autres. La politique est un sport de combat particulièrement rude, injuste mais c'est aussi la vie qu'on aime, celle d'engagements forts, de rencontres multiples et belles. C'est pourquoi je suis prêt.

Être maire de Paris, c'est aussi devoir épouser la vie, les rythmes et les pratiques d'une vaste métropole, tout en s'efforçant de l'aborder comme s'il s'agissait d'un « petit patelin ».

C'est, au quotidien, maintenir un lien étroit et fécond avec les forces vives de la Cité, monde associatif foisonnant, commerçants, architectes, intellectuels et tant encore, qui, chacun avec sa sensibilité propre, sont à même de suggérer, d'alerter, de se projeter et de nourrir une réflexion utile.

Être maire de Paris, c'est, en dépit d'un agenda toujours dense, veiller à des passerelles directes et constantes avec les habitants, dans tous les arrondissements. Comprendre cette mosaïque unique que représente Paris implique en effet d'assumer l'échange avec les femmes et les hommes qui « sont » cette Cité, car leur histoire, leur expérience et leur regard leur octroient la plus indéniable des légitimités, y compris quand il s'agit de vous engueuler, puisqu'être maire, c'est accepter cela aussi…

Être maire de Paris, c'est se plonger chaque jour avec ses équipes, dans l'élaboration et le suivi des dossiers liés à la bonne gestion de la ville : préparer chaque séance du Conseil de Paris, programmer l'ordre du jour et les centaines de « projets de délibération » associés, intervenir lors des inaugurations, visites ou rencontres qui rythment ce calendrier, assurer le suivi de chaque projet, de chaque chantier, car Paris est une entité complexe et vivante dont la trame implique une attention particulière, entre préservation d'un patrimoine unique et invention d'un legs digne de cet héritage.

Être maire de Paris, c'est servir également le rayonnement de la « Ville Lumière » en rencontrant d'autres édiles, en France, en Europe – Paris, capitale résolument européenne – et à travers le monde. Car Paris, c'est aussi un lieu singulier synonyme de valeurs et de références, qui forgent une identité. Quand le maire de Paris se déploie, c'est en tant que porteur d'un corpus à ce point essentiel qu'il interagit avec d'autres élus, assumant ses convictions mais s'enrichissant aussi d'autres approches.

Être maire de Paris, c'est donc être ouvert au reste de la planète, lorsqu'un chef d'État entame sa visite par un passage à l'Hôtel de Ville, quand la capitale décide d'honorer une personnalité pour son engagement ou pour son talent, ou quand une figure emblématique demande à Paris de faire entendre sa voix face à l'oppression ou à l'injustice, sur la scène internationale.

Être maire de Paris, c'est tout cela à la fois : savoir mêler plusieurs dimensions dans son propre mode de raisonnement, le local et le global, qui unissent des idéaux construits par le temps. Oui, Paris est un creuset sans équivalent où le social, l'économique, le culturel et l'écologique nourrissent la même et permanente invitation à la créativité et au combat.

Chapitre VI

Une ambition pour Paris, le modèle Delanoë

En janvier 2013, alors que la droite et le centre proposent de désigner le candidat de l'opposition municipale au travers d'une primaire, je suis le premier à me déclarer candidat. Je voulais porter une candidature de renouvellement et de modernité. Pendant cinq ans, j'avais bousculé les certitudes d'une certaine droite au Conseil de Paris. Opposant de Bertrand Delanoë (notamment sur les choix en matière de propreté ou de politisation de l'administration parisienne), je soutenais sa politique de mobilités (mise en place du tramway, d'Autolib', de Vélib', aménagement des voies sur berges, création de couloirs réservés aux bus et aux taxis) et sa créativité en matière culturelle. Cela m'avait valu beaucoup de critiques, voire de menaces de la part de mes collègues de l'opposition, mais j'ai toujours trouvé incongru de « s'opposer pour s'opposer ». L'intérêt de Paris et de ses habitants doit être notre seule boussole et exige de dépasser les clivages partisans stériles. Lorsqu'une idée est bonne pour sa ville, on doit la soutenir d'où qu'elle vienne.

J'assume de dire que Bertrand Delanoë a été un bon maire de Paris. Il connaissait ses dossiers sur le bout des doigts, on ne pouvait jamais le prendre au dépourvu. Il était inventif et soucieux du bien-être des Parisiennes et des Parisiens. Il a beaucoup apporté à notre ville. Il portait une vision claire de l'avenir de Paris, des convictions fortes et une éthique. J'ai appris en le regardant, j'ai apprécié son talent oratoire et son grand professionnalisme. En plus des mobilités et de la culture, il a œuvré à une nouvelle culture démocratique : je me souviens de ses comptes rendus de mandat chaque année dans tous les arrondissements. Il écoutait, répondait, expliquait, sans lire aucune note. Un bon maire mais aussi un amoureux de Paris, sincère, honnête, exigeant, qui a parfaitement compris les attentes de ses habitants. J'apprécie nos échanges stimulants et amicaux. Comme de nombreux Parisiens, je lui témoigne tout mon respect.

Bertrand Delanoë a tissé une belle relation avec les Parisiens. Il a toujours été clair dans ses intentions, a tenu ses engagements. J'admire cette relation particulière à la ville et aux habitants, sa rigueur, son goût de la démocratie et son honnêteté intellectuelle. Il avait promis de ne pas briguer plus de deux mandats. Il a respecté son engagement alors qu'il aurait sans doute été réélu s'il avait souhaité se représenter en 2014. Son départ fut élégant : « Je n'ai aucune nostalgie, aucune tristesse, j'ai plein de joie dans le cœur. Parce que c'est Paris. » Je me souviens avoir affirmé publiquement en 2014, alors qu'il allait quitter son mandat, qu'il avait été « un bon maire de Paris ». C'était simplement la vérité et ce que pensaient une large majorité de Parisiens.

L'opposition municipale était à mes yeux coupable d'un certain archaïsme et avait tort de se positionner toujours contre : contre les bus, contre les tramways mais aussi contre les événements culturels mis en place par Bertrand Delanoë (Nuit blanche, Paris Plages…), contre les progrès sociétaux. Je voulais porter un message différent, une analyse nouvelle de la ville.

Le XVIIIe arrondissement a été un révélateur, j'y ai beaucoup appris et compris des contradictions de notre société. J'y puise encore beaucoup d'énergie, de réflexion et de projets. Dans ce pré-débat municipal, je portais des idées neuves : expérimentation des transports 24 heures sur 24, taxis réservés aux femmes, travail le dimanche, plus de deux cents pages de propositions qui ont fait débat et m'ont permis d'émerger. Notamment une : la création d'une police municipale à pied et à vélo. J'étais alors le seul à porter cette idée. Nathalie Kosciusko-Morizet dans un débat sur France 3 m'expliqua qu'il existait d'autres solutions. Anne Hidalgo me répondit, elle, en mai 2013 sur BFM qu'elle était farouchement contre. Avec une équipe de choc, fort motivée, et mon amie Clarisse Coufourier, talentueuse directrice de campagne, j'ai soulevé des montagnes. Je n'oublie pas les élus courageux qui s'étaient engagés derrière moi : Géraldine Poirault-Gauvin, la meilleure des porte-parole, ou Geoffroy Boulard, alors élu prometteur du XVIIe.

Toute la droite a fait bloc derrière Nathalie Kosciusko-Morizet, arrivée de l'Essonne. Nos débats ont été rudes. J'ai pu toutefois travailler avec elle une fois la primaire terminée car elle avait su se distinguer (pas suffisamment à mon goût) des barons de l'opposition. Droite, intelligente, elle a su fédérer une jeune génération. Cela n'a pas suffi. Battue par Anne Hidalgo en 2014 puis par Gilles Le Gendre en 2017 lors des législatives, elle a mis un terme à sa carrière politique. Elle reviendra car elle en a le talent. De mon côté, je continuais mon chemin. Dans le XVIIIe, au Conseil de Paris, sur le terrain et au Conseil régional en charge de Paris 2024 et du soutien au cinéma et à l'audiovisuel après la victoire de 2015 alors que j'étais tête de liste à Paris.

En 2017, à la surprise générale, je remportais la XVIIIe circonscription avec plus de 53 % et devenais député. Je succédais à Christophe Caresche, sortant et élu pendant vingt ans. Un parlementaire bosseur, très compétent sur les questions de logement et d'écologie. J'apprécie aujourd'hui ses conseils et son soutien. À l'Assemblée je m'impliquais sur les sujets de ma commission. J'ai soutenu activement le dédoublement des classes en CP et CE1 pour les enfants des réseaux d'éducation prioritaire (REP) et REP+. Jean-Michel Blanquer a porté la plus grande réforme de ces vingt dernières années avec compétence et une très grande solidité. Il n'est pas homme à se cacher à la moindre difficulté, c'est un grand serviteur de l'État.

Ma philosophie pour Paris est de donner plus à ceux qui ont moins de capital social ou culturel au départ. La promesse républicaine consiste à instruire tous les enfants, à former de futurs citoyens éclairés, respectueux des autres et à permettre à chacun de prendre l'« escalier social », expression qui montre mieux à mes yeux les efforts nécessaires que chacun doit fournir afin de s'émanciper.

Je n'ai jamais manqué une occasion de soutenir les artistes et la création en commission, en séance ou dans des rencontres sur le terrain. J'ai défendu le crédit d'impôts pour le cinéma, porté celui pour le théâtre. J'ai fait face à Bercy avec quelques collègues très déterminés. Avec Aurore Bergé, j'ai élaboré des propositions solides pour la réforme audiovisuelle dans le cadre de la mission que je présidais. J'insistais sur l'importance de protéger nos droits, notre vision et notre exception culturelle. J'appelais à une régulation et plaidais pour un service public audiovisuel libre et financé. À ce titre, j'assume avoir défendu le maintien de la redevance supprimée par

Emmanuel Macron. Soutien du livre, je suis intervenu pour protéger nos librairies indépendantes et ouvrir davantage nos bibliothèques. Paris est à cet égard encore loin de Copenhague, Londres ou New York.

Nos bibliothèques sont des lieux de vie et de culture que nous devons ouvrir plus tard le soir et le dimanche avec le concours du service civique (étudiants en littérature ou en histoire). Au moment de la crise du Covid, je suis monté au créneau afin de faire considérer les librairies comme des « lieux essentiels ». Je me suis battu pour les artistes et pour les intermittents pour « l'année blanche » fiscale afin de préserver leur avenir. Enfin, j'ai réclamé l'amélioration des dispositifs pour les talents émergents dans toutes les formes de création.

Fort de mon expérience « Paris 2024 », je justifiais les efforts de la nation pour l'accès au sport de toutes et de tous. Mon premier rapport à l'assemblée fut pour la lutte contre les discriminations en matière sportive et chez les jeunes. Je militais pour la formation des encadrants, une meilleure place du sport à l'école. En dehors de mes spécialités en commission, j'intervenais en séance sur les sujets d'écologie ou du bien-être animal. J'étais souvent minoritaire dans ma famille politique. Je résistais en m'appuyant sur le travail des ONG et trouvais des alliés très fiables en Delphine Batho ou en Cédric Villani. Avec quelques collègues convaincus, j'ai voté la première loi en faveur du bien-être animal. Notre société doit ouvrir les yeux sur la maltraitance des animaux et de la biodiversité. Avec Bérangère Abba, je poursuis aujourd'hui ce combat.

Mon collègue Christophe Blanchet et moi avons écrit un rapport avec l'aide décisive de la Cour des comptes sur la lutte contre la contrefaçon. Nous l'avons transformé en proposition de loi. Après plusieurs dizaines d'heures d'audition de tous les acteurs, de visites de terrain (Roissy, port du Havre, Barbès, Château-Rouge…), de dialogue avec les différents groupes politiques, j'ai pu faire voter ce texte à l'unanimité des députés présents. Nous avons réussi à améliorer les dispositions relevant de la loi afin de contrecarrer ce phénomène d'ampleur. À l'échelle internationale ou européenne, le combat doit être mené par la France afin de résister à ce nouveau rouleau compresseur. La contrefaçon, c'est l'exploitation d'enfants à l'autre bout du monde, la pollution des fleuves, le financement de la grande criminalité, la destruction de nos savoir-faire, de nos emplois et de notre modèle social. Une grande campagne d'information aiderait à responsabiliser le consommateur. Il a entre ses mains la possibilité de participer à l'éradication de ces phénomènes mafieux qui, en ligne ou sur le terrain, ruinent notre économie.

J'ai participé à la création de la police municipale de Paris avec la modification de la loi et du statut de Paris en 2019 après qu'une majorité parlementaire a su se dégager. Je portais à Paris et à l'Assemblée nationale le dispositif : « Tu casses, tu répares ; tu salis, tu nettoies. » Les travaux d'intérêt général sont une réponse rapide et efficace aux incivilités et à la petite délinquance. C'est une peine de réparation, dissuasive pour la récidive. J'ai constaté cinq ans après que ma proposition était reprise par le Premier ministre Gabriel Attal. Je m'en réjouis. Une idée forte de mon projet de 2019 trouvait un chemin. Il n'y a pas de propriété intellectuelle en politique. À une voix près, j'ai fait inscrire dans la loi, avec mon collègue Stéphane Peu, la possibilité pour le juge de faire réquisitionner le bien d'un marchand de sommeil définitivement condamné. Les premières décisions de justice s'appliquent aujourd'hui et mettent un frein au trafic de ces voyous qui s'enrichissent sur le dos de la misère de familles en très grande précarité. Ces logements peuvent être ensuite rénovés et attribués dans de bonnes conditions aux habitants en attente d'un toit digne de ce nom. J'ai eu le sentiment d'être utile, loin des palabres et des débats stériles.

Jamais je n'oublierai l'honneur qui fut le mien de servir notre pays et les Français comme député. Battu d'une courte tête en juin 2022, dans une circonscription bien ancrée à gauche, je continuerai mon engagement. J'ai été soutenu par ma famille et par mes amis. J'ai reçu plusieurs centaines de messages auxquels j'ai répondu un par un durant l'été. Habitants, associatifs, artistes, syndicalistes, beaucoup m'ont remercié pour mon investissement et m'ont dit vouloir garder le lien de confiance établi. Cela m'a profondément touché. La politique est un monde dur et trouver ici ou là de l'empathie, de l'amitié ou du respect, fait un bien fou.

Il m'a parfois été proposé de faire un choix électoral plus facile. « Le XVIIIe, c'est trop difficile, tu as montré ton savoir-faire, nous pouvons te proposer un lieu plus favorable. » Réponse : « Merci de ton attention mais je continue. Je crois au temps long, au lien de confiance. Je ne vais pas me présenter dans le XVIe ou le VIIe arrondissement. » Fermez le ban. Il est vrai que les élections municipales de 2020 puis législatives de 2022 furent compliquées. Toutefois, ce que j'avais construit était un acquis. Je ne lâcherai pas. Les Corréziens sont tenaces et coriaces.

Mon portable sonne. Je suis installé dans un café montmartrois avec mon équipe en ce lundi 13 juin 2022. Nous sommes au lendemain du premier tour des élections législatives et je rédige ma profession de foi pour le second tour. Je dois affronter Aymeric Caron. Le nom de Bertrand Delanoë s'affiche sur mon écran. Avec sa voix immédiatement reconnaissable, il me demande : « Comment allez-vous, cher Pierre-Yves ? » Je sais alors que le second tour sera difficile, mais je suis plus que jamais combatif.

L'ancien maire de Paris me félicite pour ma campagne, mon engagement et mon état d'esprit. Puis il m'affirme que s'il était électeur de ma circonscription, il voterait pour moi. Il ajoute que s'il pouvait faire quelque chose de plus pour moi, il le ferait bien. Il m'informe avoir déjà passé quelques appels à des amis, habitants de la circonscription, afin de les convaincre de voter pour moi. Après quoi, il me demande si j'ai devant moi un papier et un stylo. Il tombe à point nommé : j'ai tout ça en main. Il me dicte alors une phrase : « Pierre-Yves Bournazel est le candidat des valeurs humanistes, démocratiques, laïques et européennes », et ajoute que je peux revendiquer son soutien. Je suis alors extrêmement honoré et touché de son attention, d'autant plus que j'avais été son opposant municipal entre 2008 et 2014. Je n'ai pas oublié ce geste désintéressé et puissant. Depuis, une relation de confiance s'est installée entre nous. Elle était déjà faite de respect, elle prend alors une tournure amicale, en toute liberté et responsabilité.

Bertrand Delanoë m'a dit lors d'une de nos riches conversations, dans un café de l'avenue des Gobelins : « Un jour, vous serez maire de Paris. Vous avez la légitimité et la cohérence. » Nos échanges renforcent toujours un peu plus ma détermination. En octobre 2023, après avoir reçu le soutien d'Édouard Philippe pour 2026, je réunis une équipe de fidèles.

J'organise régulièrement des rencontres avec des collectifs d'habitants dans chaque arrondissement afin d'amplifier ma connaissance des attentes des Parisiens et percevoir au plus près leurs actions en faveur d'une meilleure qualité de vie. Je responsabilise des femmes et des hommes volontaires et dévoués, qui sont des relais précieux. Dès janvier 2024, je lançais les « Rencontres parisiennes », un document distribué sur les marchés ou à la sortie des métros afin de donner la parole aux Parisiennes et aux Parisiens : « Et vous, maire de Paris, quelle serait votre priorité ? » Nous avons reçu plusieurs milliers de réponses. C'est un exercice précieux au long cours. Dans le même temps, je créais un rendez-vous mensuel, les « Conversations parisiennes », lors desquelles je dialogue avec une personnalité qui pense ou fait la ville en présence d'habitants. L'architecte-urbaniste Jean-Robert Mazaud, l'ancienne présidente d'Action contre la faim Stéphanie Rivoal, l'universitaire Thomas Guénolé, l'entrepreneur Max Guazzini, la galeriste Magda Danysz, la directrice de Women In Tech France Angela Naser, la présidente de l'association Moi et mes enfants Olivia Barreau, toutes et tous sont venus partager leur vision et leurs propositions sur leur sujet de compétence.

J'ai structuré par ailleurs douze groupes de travail thématiques avec 360 citoyens et experts qui, depuis mi-2024, construisent avec moi le projet des années 2030 et 2040. En parallèle, je continue de regarder ce qui se passe dans les grandes métropoles, de New York à Rome, de Londres à Milan, d'Amsterdam à Berlin. Il faut savoir s'inspirer de ce qui fonctionne ailleurs sans chercher à copier un modèle car nos tissus urbains sont différents. Néanmoins, j'ai trouvé de belles pépites de projets ici ou là sur les déplacements, la réduction de la pollution ou du bruit, l'innovation sociale, l'accès au logement…

À Copenhague, j'ai constaté qu'une action associant le personnel médical dans toutes ses dimensions, monde associatif, élus et polices, pouvait permettre de construire une politique efficace de réduction des risques pour les personnes dépendantes de la drogue. Loin des postures, chacun travaille avec l'autre partenaire afin de protéger ces personnes vulnérables, de les accompagner, puis de les réinsérer tout en assurant la tranquillité et la sécurité des habitants. Pour cela, il ne faut pas opposer les protagonistes et il faut accepter de prendre le temps. Les résultats dans la capitale danoise sont inspirants. L'humanité n'empêche pas la fermeté sur la sécurité. Au contraire, chaque action permettant de prendre soin des personnes dépendantes de la drogue, au-delà de l'enjeu humain, amène plus de qualité de vie pour les riverains. S'occuper des plus fragiles honore chaque acteur et facilite le quotidien dans les quartiers. Tout le reste est discours simpliste sans solution d'avenir. On ne gouverne pas à coups de « y a qu'à-faut qu'on ». Comme nous l'a enseigné Charles Péguy, « la guerre contre la démagogie est la plus dure de toutes ». D'abord les convictions et les idées.

Chapitre VII

Édouard Philippe, mon ami, homme d'État

J'ai commencé à tisser une relation de confiance avec Édouard lors des primaires de la droite et du centre de 2016. Nous soutenions Alain Juppé. Nous étions tous les deux porte-parole du candidat avec d'autres personnalités, comme Benoist Apparu, Virginie Calmels et Fabienne Keller. Édouard était très proche du candidat, il fut l'ancien directeur général de l'UMP quand Alain Juppé en était le président. J'ai appris à connaître un homme de très grande qualité. J'avais perçu chez lui tout de suite une dimension exceptionnelle, une vive intelligence, beaucoup d'humour, parfois féroce, un homme toujours très réfléchi. Puis nous avons tissé une relation plus personnelle et, si nous avons perdu ce combat des primaires, nous avons conservé notre amitié.

Le lundi 8 mai 2017, le lendemain de l'élection d'Emmanuel Macron, j'ai un court échange téléphonique avec Édouard. Je lui livre alors mon diagnostic. Le nouveau président de la République incarne un espoir. Il tend la main à la droite modérée, il prône le dépassement et le rassemblement. Je pense qu'il faut accepter cette main tendue, la situation du pays l'exige. Les Français ont exprimé un besoin de renouvellement profond.

Le candidat de la droite François Fillon et le candidat de la gauche Benoît Hamon n'ont pas passé le cap du premier tour. Nous entrons dans un nouveau monde politique avec l'élection, face à Marine Le Pen, de l'ancien ministre de l'Économie de François Hollande, alors âgé de trente-neuf ans. Il me demande simplement si je le suivrai au cas où il prendrait une initiative. Est-ce que je signerai éventuellement un texte ? Bien volontiers parce que c'est la bonne démarche et parce que c'est Édouard. Lorsque nous raccrochons, je me dis qu'il serait le Premier ministre idéal pour Macron. Édouard ne m'en a pas parlé, mais j'ai eu ce pressentiment. Au Conseil de Paris, qui a lieu une semaine après l'élection du président, je teste le nom d'Édouard Philippe. Je suis surpris par l'indifférence que l'idée suscite : « Mais non, ça ne sera pas lui ! » Certains n'avaient pas perçu le bouleversement créé par l'élection de Macron et la nécessité de changer les habitudes et les responsables politiques. Édouard avait toutes les qualités. Un élu venant de la droite modérée, proche d'Alain Juppé, implanté dans un territoire populaire, Le Havre. Un politique qui connaissait parfaitement les rouages de l'État. Il sera nommé une semaine plus tard à Matignon.

Nous nous voyons à l'hôtel de Matignon dans les jours qui suivent. Nous conversons. Il m'informe qu'il me soutiendra aux élections législatives. À titre personnel. Il me propose de prendre une photo. Quelques jours plus tard, il m'enverra, par mail, une vidéo de soutien à ma candidature qui fera grand bruit et qui ne manquera pas de bousculer ma principale compétitrice de cette élection, l'ancienne ministre du travail Myriam El Khomri, soutenue, elle, par… Emmanuel Macron ! Situation détonante. J'arrive en tête du premier tour et affronte au second tour Myriam El Khomri. Je suis élu avec un peu plus de 53 % au second tour. Avec le soutien d'Édouard. Je ne l'oublierai pas.

Alors que certains militants continuaient de fêter la victoire, je m'isolais un petit moment et repensais à tout ce qui s'était passé depuis mon arrivée à Paris en 2001, jeune provincial, originaire de Corrèze, diplômé de l'école de Sciences Po à Toulouse. Pour y arriver, j'ai beaucoup travaillé et j'ai été soutenu et reconnu par des aînés. L'appui d'Édouard Philippe fut décisif. Ma relation avec lui était fluide. Parce que je suis très indépendant de caractère et très libre d'esprit, j'ai besoin de ressentir du respect pour m'engager. Édouard est un homme d'État, chose rare aujourd'hui.

Depuis les élections législatives de 2017, nos liens se sont encore resserrés. Nous avons nos habitudes pour échanger sur la situation politique et faire le tour des dossiers. L'une d'entre elles consistait en de longues promenades le long de la Seine. Nous partageons le goût des marches dans Paris. Dans cette relation plus personnelle, nous parlons beaucoup, échangeons sur nos engagements réciproques, mais aussi de littérature, de voyages, de l'Italie, du soleil…

Édouard Phillipe a écrit avec Gilles Boyer, son complice de toujours, des thrillers politiques et des scénarios. Il est aussi grand lecteur, persuadé que le lien entre littérature et politique est consubstantiel à la culture française. Je partage cette approche depuis ma prime jeunesse. Posant toujours des questions, il me fait évoquer les romans qui m'ont marqué. Je lui parle aussi d'un art que j'affectionne tout en l'évoquant rarement, la poésie. De Rimbaud, de la précocité de son talent puis de sa facilité d'écriture, poète de talent et hors-norme, qui a construit sa légende avec ses idées libertaires, marginales. Je pense au « Bateau ivre », à « Voyelle », qu'on apprend au lycée. À son histoire avec Verlaine. Rimbaud marque les nouvelles générations, non seulement par la force de ses vers, mais par son histoire incroyable, par son parcours, par son courage physique, par sa souffrance, mais aussi par sa fin de vie très précoce. Je lui parle des lettres à Lou, d'Apollinaire, qui depuis le front écrit à sa douce amoureuse.

J'ai toujours eu besoin dans mon engagement politique aussi d'un moteur personnel, la confiance. C'est assez rare, c'est même dangereux de donner sa confiance en politique. J'ai donné la mienne à Édouard Philippe depuis plusieurs années. J'ai éprouvé la solidité de cette relation. Plus que d'un mentorat, il s'agit d'une amitié véritable.

À mon tour, je l'ai soutenu comme député lorsqu'il était Premier ministre. Il a été un chef de gouvernement d'une très grande solidité, profondément réformateur. Je pense à la formation professionnelle, à l'apprentissage, à la réforme de la SNCF. Il a beaucoup travaillé sur l'attractivité, dessiné le bon chemin avec un recul important du chômage. Et surtout, il s'est montré un capitaine très solide du navire France au moment où ça tanguait très fort dans la crise du Covid. Dans des heures graves pour le pays, il a eu du sang-froid. Il a maintenu le cap avec une bonne méthode de travail, beaucoup d'humilité et une éthique de vérité. Il a su établir une relation de confiance avec les Français au-delà des clivages politiques. Il quitte Matignon en juillet 2020.

Je me souviens d'une marche en février 2021, au long de la Seine, où nous évoquons nos objectifs réciproques. Je lui dis que je serai à ses côtés pour l'avenir. Beaucoup le poussent alors à être candidat à la présidentielle de 2022. En septembre 2021, Édouard affirmera très clairement qu'il soutiendra la candidature du président de la République par loyauté, par cohérence politique. On retrouve là les fondamentaux de son caractère d'homme d'État. Nous longeons la Seine pendant une bonne heure, en direction de l'Hôtel de Ville. Puis, en revenant vers l'Assemblée nationale, Édouard me dit : « Je réfléchis très sérieusement à construire un parti politique. Je te demande de ne pas en parler. Je souhaiterais que tu en fasses partie. » Je suis alors député au sein du groupe « Agir », je lui réponds : « Je trouve que c'est une bonne idée que tu t'organises et tu pourras compter sur moi, je m'engagerai le moment venu. »

Je connais Édouard et sa détermination. Le microcosme politique sous-estime son tempérament de chef. La création d'Horizons, c'est un acte d'émancipation. Édouard Philippe a clairement posé les choses : « Je crée un parti politique, pas un club. » En octobre 2017, lorsque Thierry Solère, Gérald Darmanin et Sébastien Lecornu ont fait le choix de rejoindre La République en marche, ils m'ont proposé de m'associer. Je me sentais député de la majorité présidentielle, mais pas En Marche, ce n'était pas mon aventure. Édouard n'a pas souhaité lui-même rejoindre le parti du président. Nous nous sommes rassemblés autour de lui parce que nous considérons qu'il possède les qualités de l'homme d'État dont la France a besoin. Le parti s'est vite structuré dans les territoires avec des cadres régionaux, départementaux, et municipaux. Depuis 2021, nous sommes en croissance régulière. Nous rassemblons plus de 35 000 adhérents, 600 maires et des centaines d'élus locaux. 1 100 comités municipaux permettent un solide maillage en métropole, en outre-mer et chez les Français de l'étranger. Édouard me confie dès 2021 la responsabilité des élections au sein d'Horizons.

À l'orée du printemps et de l'été 2022, nous avions du pain sur la planche et le loisir de parler de livres devenait rare. Il fallait préparer les élections législatives après la réélection d'Emmanuel Macron. Les relations devenaient de plus en compliquées entre les deux anciennes têtes de l'exécutif. Le soir de sa victoire à l'élection présidentielle, après une campagne menée au pas de charge, la presse avait beaucoup commenté cette scène inattendue : Édouard Phillipe n'avait pas été convié à une réunion de l'état-major des soutiens présidentiels, il en avait profité pour se rendre au Champ-de-Mars saluer les militants en attendant l'arrivée du président de la République réélu. Les chaînes d'information, qui attendaient le point d'orgue de la soirée, avaient toutes retransmis en direct le bain de foule de l'ancien Premier ministre, chaudement accueilli par l'assistance. Les commentaires en direct des journalistes ne manquaient pas de souligner la signification politique de cette « carte postale » envoyée par Édouard aux macronistes alors en réunion et branchés sur les chaînes d'information.

Nous sommes alors un jeune parti, sans financement public. Nous avons peu de députés sortants. Ils se comptent sur les doigts d'une main. Je prépare avec l'excellent Gilles Boyer et une équipe très professionnelle de fidèles et de grands connaisseurs de la carte politique (Fanny Le Luel, Francis Decoux) ces élections législatives. Après l'élection du président, nous proposons évidemment à La République en marche et au Modem de travailler ensemble. Cette période nous aura permis d'éprouver une confiance absolue.

Édouard est alors très attaqué dans la presse par ces fameux « off » dont nous savions d'où ils partaient. « On » ne veut pas lui donner de groupe parlementaire. « On » ne veut pas qu'il ait de financement public. « On » dit qu'il a fumé les vapeurs du Havre. « On » utilise des noms d'oiseau pour parler de lui. Les journalistes nous assaillent de questions sur la vindicte des macronistes à notre égard et sur l'« obsession » du président Macron dont le « seul projet » serait de mettre des bâtons dans les roues d'Édouard Philippe. Édouard, c'est sa force, n'est pas impressionné. Nous reprenons le chemin de la discussion grâce à Richard Ferrand, dont j'ai apprécié le sens de l'intérêt général et la grande connaissance de la carte politique. C'est un redoutable négociateur, hors pair. Avec son fidèle collaborateur, Meziane Rezki, nous avons pu établir des relations de confiance. C'est vrai aussi pour François Bayrou et Marc Fesneau, car à six, nous avons, en quatre jours et quatre nuits, du 1er au 4 mai, montré que nous étions capables de nous entendre sur la plupart des 577 circonscriptions de France pour construire les conditions d'une majorité présidentielle unie, alors que certains jouaient de l'extérieur un jeu dangereux et essayaient de nous écarter de la future assemblée. Si nous n'avions pas construit cette alliance, le président de la République n'aurait pas eu une majorité relative en juin. S'il y avait eu des batailles entre partis du bloc central au premier tour dans plusieurs circonscriptions, il y aurait eu moins de députés de la majorité présidentielle en juin 2022.

À cette occasion, j'ai découvert plus finement la personnalité de François Bayrou, qui sait défendre comme personne ses intérêts et ceux du Modem. Il sait jouer du rapport de force. C'est un personnage madré, mais qui a la culture de la négociation. Richard Ferrand, Édouard Philippe, François Bayrou ont su dépasser leurs propres intérêts pour trouver un accord, un compromis et créer les conditions d'un rassemblement.

Il y a eu des moments où François Bayrou et Édouard Philippe ont échangé sur leurs auteurs favoris, récité inopinément les tirades de *Cyrano de Bergerac*. Cet accord les a rapprochés. Car c'était plutôt mal parti entre eux. François Bayrou avait été déçu de ne pas être nommé à Matignon en 2017. Il n'avait pas vu venir la nomination d'Édouard et les relations entre les deux hommes avaient été compliquées. François Bayrou n'avait pas ménagé Édouard sur certains dossiers. Lors de ces négociations, ils ont appris à s'apprécier et à tisser des relations plus personnelles, même si leurs ambitions légitimes peuvent amener à quelque prudence et réserve.

Édouard a souhaité en septembre 2022 que je prenne de nouvelles responsabilités au sein du parti en devenant secrétaire général délégué afin de poursuivre mon travail sur les élections et de préparer les futures échéances. Il y a des sénatoriales en septembre 2023. Il y aura de nouvelles législatives et des municipales. Je me consacre également à la structuration. En décembre 2022, Édouard m'invite à déjeuner et me dit qu'il souhaite que je me présente à la mairie de Paris. « Tu as une relation avec les Parisiennes et les Parisiens, avec ta ville. Tu as le bon récit, toute la compétence pour être le prochain maire de Paris. Si tu souhaites mener ce combat, sache que je t'aiderai et que je te soutiendrai activement. » Je lui réponds que ce combat est le mien et que j'ai besoin de temps pour commencer cette démarche. Je souhaite construire d'abord de solides fondations : une vision d'avenir de Paris, du Grand Paris, un projet pour les Parisiennes et les Parisiens et une équipe. Je ne serai pas le candidat du bruit et de la fureur mais de la sincérité, de la légitimité, du projet.

Je n'ai jamais caché que ma boussole était Bertrand Delanoë. En 2000, moins connu que ses compétiteurs socialistes Jack Lang et Dominique Strauss-Kahn, stars de la politique avec une forte notoriété, il a su faire valoir sa légitimité. Mon objectif est de servir les Parisiennes et les Parisiens. D'être un maire qui dure. En octobre 2023, Édouard a animé à Montmartre une réunion publique pour exprimer son soutien à ma candidature devant plusieurs centaines de Parisiennes et de Parisiens. Pendant vingt minutes, il a brassé un tableau louangeur. J'étais ému. J'ai ressenti une fraternité sans calcul ni arrière-pensée.

Édouard est un homme d'État, et les hommes d'État, ça ne court pas les rues ! Il en a le tempérament et le caractère. Il a le sens de l'intérêt général et une véritable vision du pays. Son expérience d'ancien Premier ministre qui a tenu bon dans des moments de crise et de maire qui est dans l'opérationnel et la proximité fait de lui un politique hors-norme. Je côtoie chaque jour des hommes et des femmes politiques de qualité. Édouard sort largement du lot. C'est celui qui se prépare le plus et le mieux à la prochaine campagne présidentielle, avec une vraie présence sur le terrain, dans les régions, à la rencontre des Français. Chaque semaine, il prend le temps d'aller deux ou trois jours dans les sous-préfectures, les chefs-lieux de canton, les villages de France, afin de mesurer les attentes des Français, leurs préoccupations, de constater leurs réussites, leurs échecs. Il réalise un énorme travail sur le projet, consulte beaucoup d'experts, écoute leurs idées.

Le débat présidentiel devrait avoir lieu en 2027. Pourtant, dans les temps de confusion que nous connaissons, il n'est pas interdit de se préparer à toute éventualité, c'est-à-dire à une présidentielle anticipée. Nous sommes dans un contexte politique très singulier, après une dissolution hasardeuse. Mme Le Pen est en embuscade, et même si elle était empêchée par la justice, c'est le RN qui reste le maître des horloges à l'Assemblée nationale. De l'autre côté, l'extrême gauche, menée par M. Mélenchon, aspire à dévorer l'ensemble de la gauche. Quand on aime son pays, il est impératif de se préparer et d'être une solution pour la France.

Le moment venu, Édouard portera un projet massif, à la hauteur des enjeux pour la France et favorable à la prospérité des Français. Quand on croise la route d'Édouard, on ne peut pas ne pas la suivre.

Chapitre VIII

Nicolas Sarkozy et moi : une affaire « clashée »

Le 1er mars 2016, je suis invité à l'anniversaire de mon ami, le sénateur Pierre Charon, dans un salon du Sénat. Je revenais d'un voyage au Japon avec Valérie Pécresse. Dans son exécutif, j'avais la charge de la candidature de Paris aux Jeux olympiques et paralympiques pour 2024. Nous étions allés à Tokyo, qui se préparait aux Jeux de 2020.

J'arrive à cette réception d'anniversaire encore marqué par un long vol, avec cette impression de flottement que procure le décalage horaire. En quelques heures, je passais de l'univers japonais, aux codes empreints de courtoisie et d'afféterie envers les visiteurs étrangers, à l'arène de la politique française et à ses manières rudes. La fonction d'élu nous habitue aux changements d'atmosphère, mais parfois on ne voit pas le coup arriver. C'est ainsi qu'à peine ai-je fait quelques pas au milieu des dorures du Sénat que je vois le taureau foncer dans ma direction. Il se tenait à l'autre bout de la pièce, et j'ai su tout de suite que c'était pour moi. Les effets du jet-lag s'évanouissent au fur et à mesure que je vois Nicolas Sarkozy arriver, ignorant ceux qui sur son passage quêttent un regard de sa part. L'instant me paraît interminable. Si l'ex-chef de l'État, futur candidat à la primaire de la droite, semble hors de lui, de mon côté j'ai le sentiment d'être en dehors de moi-même. J'ai quand même une petite idée de la raison du courroux sarkozien.

« Viens là toi. » La politesse nippone est bien loin. Nicolas Sarkozy m'entraîne et me place contre une épaisse tenture rouge. Pierre Charon, ayant remarqué un mouvement inhabituel dans cet univers feutré, arrive sur les lieux avec Brice Hortefeux, premier maréchal sarkozyste. Ils ont compris que quelque chose va mal se passer. « Dis-moi toi, tu soutiens mon ami Alain Juppé ? » « Oui, monsieur le Président, je soutiens Alain Juppé. » Me voilà totalement dégrisé du jet-lag et mon esprit est redevenu très clair.

Nicolas Sarkozy me foudroie du regard. « C'est vraiment dommage pour toi, parce que je vais me présenter à la primaire, je vais la gagner, je serai président de la République l'année prochaine. Je t'avais dit que tu avais beaucoup de talent, mais pour toi, 2017 signifiera la fin de ta carrière politique. » Je n'oublierai jamais ces paroles. La scène devant la tenture rouge se transforme en petit théâtre politique à la française. D'une petite voix, Hortefeux essaie d'interférer en plaidant ma cause : « Tu sais, dit-il à Sarkozy, Pierre-Yves est un grand ami de Pierre et l'a beaucoup aidé pour devenir sénateur. » Sarkozy lui rétorque : « Je n'en ai rien à foutre ! »

C'est à ce moment-là que je décide d'ajouter mon grain de sel. Après tout, puisque j'ai l'immense honneur de retenir l'intérêt de la personne qui a détenu les codes nucléaires de la France, je ne vais pas rester là sans rien dire et me laisser occire. Tant qu'à faire, puisque Nicolas Sarkozy perçoit mon soutien à Alain Juppé comme une trahison – ce qui ne manque pas de sel au regard de son parcours politique –, autant lui donner de vraies raisons d'être en colère. Et j'ajoute, sans me démonter : « Monsieur le Président, c'est un choix de conviction et il n'y a absolument rien contre vous. » « En plus, tu te fous de ma gueule. » Il veut me rentrer dedans, m'intimider. Pour ma part, je reste très calme, très respectueux, je lui donne du « monsieur le Président » mais j'assume ce choix, que je n'ai jamais regretté.

En 2019, trois ans plus tard, avec Pierre Charon, au cours d'un de ces déjeuners toujours agréables et drôles, nous évoquions les fidélités à géométries variables de l'ancien président de la République. Charon avait subi de sa part ce genre de vicissitudes par le passé et était toujours reconnaissant du soutien que je lui avais apporté en 2011 quand il était seul et que Sarko l'avait lâché. « C'est mon ami, Sarko, et pour cette raison je lui pardonne tout », me dit-il entre deux blagues. « Tirer sur les gens quand ils sont en difficulté, ce n'est pas un grand signe d'amitié. Il t'a quand même fait virer de l'Élysée puis du cabinet de Maurice Leroy, franchement, ce n'est un grand signe d'amitié pour moi. »

Mais peu me chaut, c'est leur histoire. Nous étions à cette époque en pleine préparation des élections municipales de 2020. Charon me dit : « Ce serait bien que tu ailles voir Sarkozy. Tu le connais, il va passer trente minutes à te faire la leçon : "Tu ne m'as pas soutenu, tu m'as manqué", mais il sera très content de te le dire et puis, ça va matcher entre vous. » « Non. Je n'irai pas. J'ai été menacé. On ne menace pas les gens. J'ai du respect pour Nicolas Sarkozy, parce qu'il a occupé la plus haute fonction de l'État. Je lui reconnais de très grandes qualités politiques. Il a une incroyable énergie et une mémoire impressionnante. Il a tenu bon dans la crise financière de 2008. Mais il a tenté de m'intimider. Je n'accepte pas ça, donc je ne vais pas aller passer une demi-heure pour me faire chapitrer alors que je n'ai aucune leçon à recevoir de sa part. J'aurais plutôt des excuses à attendre. » Donc je ne suis pas allé à Canossa chez Sarkozy. Qu'advint-il quelques semaines plus tard ? Je me retrouve dans *Le Point*, rubrique des confidentiels. Il est écrit que le meilleur ennemi de Nicolas Sarkozy, c'est moi !

Un député, informateur anonyme du magazine, avait dit à l'ancien président : « À Paris, il faut convaincre Macron de soutenir Bournazel comme candidat à la mairie. C'est le seul qui peut gagner parce qu'il peut rassembler les gens de droite et les gens de la macronie. » Et en plus, ajoutait le député, « Bournazel n'a pas d'ennemis. » Réponse de Nicolas Sarkozy : « Si, il en a un, c'est moi et je ferai tout pour que ça ne soit pas lui. » Pour reprendre la formule d'Alain Juppé, je suis quant à moi « droit dans mes bottes ». Nicolas Sarkozy en 2007 marchait sur ses deux jambes, ferme sur le régalien et ouvert et progressiste sur la société. Cela me convenait. Au fil du quinquennat, il n'a gardé que la première jambe, et a oublié la seconde. À ce moment-là j'ai eu le sentiment que plus la droite évoluait vers une droite dure, plus j'étais minoritaire, voire marginal.

Et puis ce fut la bascule : le discours de Grenoble de Sarkozy en 2010. Au moment où il le prononce j'étais en immersion aux États-Unis avec le programme Visitor Leadership, un voyage de trois semaines. Je sens une tonalité qui ne me plaît pas trop. J'étais pourtant actif au sein de l'UMP. Je me disais que c'était de l'intérieur que l'on pouvait réorienter, convaincre, car il fallait assumer une droite modérée, républicaine, libérale et humaniste.

Ce qui m'est devenu insupportable, c'est la droitisation de LR, le parti créé par Sarkozy après l'UMP. Le positionnement a changé pour évoluer vers une droite dure. Je suis devenu minoritaire, mais cela ne me gênait pas tant que l'on pouvait débattre et être accepté. J'étais plus progressiste sur les questions sociétales que mes camarades dans le parti. Mais mon point de vue, ma vision n'était plus tolérée. Nous n'avions plus grand-chose en commun.

J'ai tenté par le passé de m'en ouvrir auprès de Nicolas Sarkozy. En réalité, quand je le rencontre, je ne peux pas lui dire grand-chose parce qu'il parle beaucoup. Toutefois, je me souviens lui avoir dit en 2014 qu'il ne fallait pas qu'il se présente à la présidence de l'UMP parce qu'il devait rester l'homme de la nation et le recours possible pour 2017 si Hollande échouait... Les Français avaient besoin de rassemblement. Sarkozy s'est représenté à la tête de l'UMP, il a transformé l'UMP en LR, avec une forte inflexion à droite. Quand il a déclaré sa candidature à la primaire, il a expliqué à Neuilly qu'il y avait des enfants qui mangeaient les frites des autres. C'était le début de la « trumpisation » de la politique française. Je n'ai pas supporté. C'est pour cette raison que j'ai choisi très tôt Alain Juppé car son projet me correspondait. Mon choix pour Juppé était guidé par mes convictions. La facilité pour moi, c'était d'être avec Nicolas Sarkozy, car il était le président de mon parti.

En rentrant chez moi, après le clash au Sénat, je me sentais bien. Nicolas Sarkozy m'avait rendu un grand service par son attitude brutale et menaçante en m'amenant à tenir sur des positions guidées par une conviction existentielle : le refus de céder aux sirènes des extrêmes. Et comme cela m'arrive souvent, je pensais à mon grand-père qui a fait de moi l'homme que je suis. Lui n'avait pas un engagement partisan, mais une sensibilité gaulliste, marquée par le courage de celui qui avait compris l'essentiel avant les autres. Mon grand-père n'appréciait pas que l'on critique des personnes de gauche qui avaient été engagées dans la Résistance. Il respectait Léon Blum. Je suis convaincu que mon grand-père n'a jamais voté socialiste. Pourtant, il pouvait affirmer dans ses conversations que Léon Blum était une grande figure, un homme courageux injustement attaqué. Il disait du bien du général de Gaulle, mais il pouvait dire du bien de Mendès France.

Être libre et fier de ses convictions : c'est ce que je tiens de mon grand-père. Ce jour-là je n'ai pas cédé aux intimidations d'un autre temps venant de l'ancien président. Il m'avait promis qu'il serait réélu et qu'une fois redevenu président il mettrait un terme à ma carrière politique. On connaît la suite : Nicolas Sarkozy a été éliminé par sa propre famille politique lors de la primaire de la droite et du centre en 2016 et, quelques mois plus tard, Emmanuel Macron remportait l'élection présidentielle. Sur les décombres de la candidature de François Fillon – vaincu par le scandale des emplois fictifs de son épouse et des costumes qu'il avait reçus en cadeau –, les centristes et les tenants de la droite sociale, opposés à la trumpisation de notre famille politique, rejoignirent les rangs de la majorité présidentielle. Édouard Philippe entra à Matignon. C'est en toute liberté que je poursuivis mon parcours d'élu de la nation, comme député de Paris, puis comme élu local au service la capitale et de son avenir.

Cette année-là, 2017, je ressentis le besoin, alors que j'étais plongé dans mon cadre familial en Corrèze, irrigué par les paysages et par les souvenirs d'enfance, d'écrire un livre destiné à expliquer le sens de mon engagement pour Paris. En partant de la Corrèze, j'ai souhaité retracer le lien intime avec Paris que j'ai tissé en partant de ma terre natale, comme l'ont fait des centaines de milliers de Français avant moi, venus de toutes les régions pour épouser le destin de Paris. Les Français, on le sait bien, entretiennent avec Paris une relation passionnelle. L'attraction qu'exerce la capitale exaspère autant qu'elle fascine.

« À nous deux maintenant ! » Le cri de Rastignac, le héros ambitieux de Balzac qui parie sur sa capacité à s'emparer du pouvoir secret de la capitale, illustre bien cet attachement parfois ambivalent. Christophe Charle, le sociologue du monde urbain, éclaire les grands destins de ces provinciaux tombés amoureux de la capitale. Le président Pompidou, par exemple, natif du Cantal, a découvert Paris dans ses années estudiantines et ce coup de cœur a motivé sa formation politique et son désir d'aménagement urbain. Son désir de contribuer à la grandeur de Paris lui a commandé de rompre avec ses origines, au profit d'un destin national. Pour ma part, j'avais appelé ce livre *Revoir Paris*, à la fois pour la rêverie et pour la réflexion. Il ne s'agissait pas de revenir en arrière, à un moment figé du passé, mais de retrouver ce que Paris n'a jamais cessé d'être et dont tant de Parisiens sont dépossédés aujourd'hui. J'avais écrit *Revoir Paris* en Corrèze. C'est à Paris, la ville que j'aime tant arpenter, que j'ai décidé de raconter mon parcours. Je n'ai jamais eu ce goût d'étaler ma vie et mes états d'âme dans ce confessionnal à ciel ouvert que sont les réseaux sociaux. Je ne me plie pas aux décrets de « l'égologie ». Pour autant, j'ai ressenti le besoin de regarder depuis Paris cette France de mon enfance et de ma jeunesse, de retrouver ces lieux qui m'ont forgé, le bonheur des livres, les épreuves et les joies d'une vie familiale à la campagne.

Avec la conscience d'une conviction intime : seule la foi en la liberté et l'être humain me permettront de me présenter honnêtement devant les Parisiens et les Français que je souhaite représenter pour prendre en charge leur vie dans la cité. Par pudeur, j'ai repoussé à plusieurs reprises ce projet, au risque de décontenancer des proches qui attendent de moi que je dévoile plus, que je parle de ma vie, alors que je prétends diriger la capitale de la France. Ce moment est arrivé.

Chapitre IX

Rachida Dati, ma meilleure ennemie

Fin août 2008, Pierre Charon, conseiller de Nicolas Sarkozy à l'Élysée, m'appelle. Dans la torpeur de la fin de l'été, ce coup de fil fait l'effet d'un appel au clairon. La rentrée fait irruption dans mon ataraxie estivale. Avec Pierre, on ne s'ennuie jamais. Son humour façon Audiard en mode tonton flingueur de la Sarkozie m'amuse autant qu'il me fait craindre de me retrouver embarqué dans l'un de ces projets dont il a le secret. Pierre me confie qu'il sort à l'instant d'un échange avec le président de la République et Franck Louvrier, son conseiller en communication. Le président est très mécontent de la communication de sa garde des Sceaux, Rachida Dati, qui ne se concentre pas assez sur la réforme judiciaire qu'elle a commencé à mettre en place. Un changement est nécessaire. Et Pierre en vient au fait : « J'ai pensé à toi pour ce job, j'ai soumis ton nom, tu as la validation de tout le monde, y compris du "patron" bien entendu. Est-ce que ça t'intéresse ? » J'étais en train de marcher entre l'Hôtel de Ville et la place de la République. Je me souviens que je me suis arrêté net en l'écoutant et en comprenant ce qui me tombait dessus.

« Écoute, ce n'était pas prévu au programme. » Je n'ai pas trouvé d'autre répartie. J'étais élu au Conseil de Paris et, à ce titre, le collègue de Rachida Dati, elle aussi dans l'opposition. Nous avions été élus quelques mois auparavant, en mars 2008. Elle comme maire du VIIe arrondissement, moi comme conseiller de Paris, élu du XVIIIe arrondissement. Elle était déjà garde des Sceaux quand elle avait été élue. Nous nous étions connus durant la campagne municipale de 2008 de Paris. Mais Pierre est déjà reparti : ce ne sera pas facile, mais il y a un besoin urgent d'une personne qui a du savoir-faire en matière de communication, qui sait parler aux journalistes, au tempérament calme, sachant expliquer les enjeux posément. Il s'agit d'une belle mission suicide, à tout le moins d'une belle galère. Pierre Charon conclut sa présentation en me disant que j'ai les compétences et le caractère pour ça. La question de savoir si la proposition m'intéresse était rhétorique. Et pour le cas, peu probable, où je n'aurais pas compris, il enfonce le clou : « On te le demande comme un service. » Allons bon, moi l'élu novice, à peine débarqué dans la capitale il y a quelques années, je serais celui à qui Nicolas Sarkozy demanderait de lui rendre un service.

Depuis mon apprentissage, j'ai compris quelques règles de la Ve République en politique, à commencer par celle-ci, basique : on ne dit pas non à une demande du président de la République, surtout quand il s'appelle Nicolas Sarkozy. Quelques années plus tard je trouverai vital et salutaire de passer outre ses oukases mais pour l'heure, on me fait comprendre que je dois devenir la roue de secours de la communication d'une ministre qui défraye la chronique extrajudiciaire. J'aurais pu dire non. J'avais aussi accepté cette mission parce que le fait de découvrir les coulisses du ministère de la Justice et des libertés représentait un défi intéressant. Après quelques heures de réflexion, je transmets à Pierre Charon et à l'Élysée ma réponse positive.

J'ai donc accepté cette mission, conscient de me faire des obligés qui me renverront l'ascenseur un jour, du moins le croyais-je. Malgré mes craintes, j'étais tout de même flatté de faire partie d'une sorte de *task force* présidentielle. *In petto*, je frissonnais en me disant que j'avais réussi à me glisser au cœur du pouvoir. À l'égard de Rachida Dati, j'ai alors un *a priori* plutôt favorable parce qu'elle incarne à l'époque une forme de renouvellement avec un parcours qui me semble être un parcours au mérite. Issue d'un milieu social modeste, elle a emprunté l'ascenseur social. Le fait que ce soit la première femme issue de la diversité à devenir garde des

Sceaux revêt à mes yeux une grande importance, le symbole embellit la République.

Je trouve Rachida plutôt courageuse. Je ne la connais pas beaucoup. De loin, elle donne le sentiment d'être combative. Un doute me restait cependant : lors de l'élection municipale de Paris, en 2008, il lui a été proposé d'aller combattre avec sa popularité dans le XIIe arrondissement, qui était l'arrondissement clé pour la bascule de Paris. Elle refusa cette proposition et préféra aller dans le VIIe, ce qui m'avait semblé, par rapport à son image de conquérante, plutôt un choix de facilité. Avec l'étiquette UMP, soutenue par Nicolas Sarkozy, elle savait qu'elle serait élue facilement dans le VIIe arrondissement.

Hormis cette réserve, mon *a priori* est positif, même si la tâche à accomplir m'a été présentée comme compliquée. J'ai bien saisi qu'il me faudra non seulement démontrer ma compétence, mais surtout juguler la fougueuse ministre qui possède, m'a-t-on dit, un certain caractère. Sens aigu de l'euphémisme. À l'Élysée, on a jugé que mon tempérament « calme, sérieux, professionnel et rationnel » peut contribuer à redresser la situation. Je dois dire que je n'ai pas été déçu.

Son directeur de cabinet de l'époque, Patrick Gérard, m'appelle puis me reçoit. Nous discutons. C'est une personnalité très estimable et agréable, avec qui j'ai eu le plaisir de travailler seulement quelques mois puisqu'il fut obligé de quitter le ministère pour des raisons de santé. Patrick Gérard a ensuite été recteur de l'académie de Paris. Il y excella. Je comprends assez vite que quelque chose ne fonctionne pas et que la situation est encore plus compliquée que ce qui m'a été présenté. En outre, Rachida Dati n'est pas en confiance vis-à-vis de moi. À ses yeux, j'ai été imposé par l'Élysée. Elle a le sentiment que je suis là non pas pour la servir, mais pour renseigner le Château.

Quand je suis arrivé au ministère de la Justice, j'ai essayé de proposer une stratégie de communication à la garde des Sceaux. Rachida Dati a esquivé à chaque fois. J'ai été franc en lui disant qu'elle avait de grandes qualités, un très beau « récit », qu'elle avait montré une certaine aptitude au courage en menant des réformes compliquées. Mais ce qui pouvait lui être reproché, c'était une communication trop personnelle par rapport à l'idée que l'on se fait de la fonction de garde des Sceaux, et qu'il était peut-être nécessaire de casser l'image « bling-bling » dont elle était affublée. Il lui avait été reproché d'avoir posé pour la une de *Paris Match* en robe Dior, d'être de toutes les grandes soirées. Je lui ai dit cela. J'ai ajouté qu'étant donné l'importance des réformes à mener, peut-être fallait-il revenir sur les fondamentaux. J'ai donc proposé de faire des tribunes sur les grands sujets, sa vision des libertés publiques ou de la politique pénale, afin de recadrer son image. Pour toute réponse je n'obtins qu'un accord évasif. J'ai même suggéré une longue tribune dans la revue *Commentaires*. La garde des Sceaux qui s'exprime dans une revue intellectuelle pour parler de sa vision des libertés, cela aurait eu de quoi surprendre et être remarqué. Chacune de mes propositions rencontrait une réaction peu enthousiaste ou distraite.

« Oui, oui, avance, avance... » me disait Rachida Dati, sans jamais demander quoi que ce soit sur le fond. Elle m'entretenait plus volontiers de Nicolas Sarkozy et de sa proximité avec lui, répondant au téléphone, appelant sa secrétaire, passant à un autre sujet, commandant un jus de citron, parlant des rideaux de son bureau et de mille autres choses en même temps. J'avais devant moi une personne en état d'ébriété narcissique. Je prenais conscience de l'aspect « mission impossible » du service que j'avais accepté de rendre au président et à Pierre Charon.

Je l'accompagnais dans les déplacements et la trouvais très énergique. Rachida Dati a un sens du contact hors du commun. Et elle ne ménageait pas sa peine. Elle aimait beaucoup se déplacer, cela lui permettait de rencontrer des médias pour faire des déclarations qui l'inscrivaient dans l'actualité. Le nombre d'apparitions médiatiques était jugé à l'Élysée comme un critère d'efficacité de l'action ministérielle et Nicolas Sarkozy savait parfaitement qui, au sein du gouvernement, s'exprimait plus ou moins dans les médias. Par ailleurs, chaque déplacement fournissait une occasion de s'éloigner de l'atmosphère austère du ministère.

Je n'eus pas le loisir de bâtir une stratégie de communication fondée sur une prise de distance avec la presse people. Peu de temps après mon arrivée dans son cabinet, une rumeur commença à circuler dans le milieu journalistique sur le fait que Rachida Dati était enceinte. Un matin, lors d'un petit déjeuner avec des journalistes, organisé avant mon arrivée, les événements se sont accélérés. Étaient présents entre autres Raphaëlle Bacqué du *Monde* et Nicolas Domenach de *Marianne*. Un des journalistes pose la question : « On dit que vous êtes enceinte, est-ce que vous pouvez le confirmer ? » Rachida Dati répond : « Il s'agit de ma vie privée, je ne vais pas répondre à cette question, mais voilà... Regardez, regardez... » Une manière sans le dire d'attirer l'attention sur son tour de taille. Puis on passe à autre chose. Avant la fin de la matinée, je reçois une alerte média : un article signé Raphaëlle Baqué révèle que la garde des Sceaux est enceinte. Rachida Dati me demande de démentir. « Je ne peux pas démentir une information qui va probablement, j'imagine, se confirmer ? » Parce qu'elle était effectivement enceinte. Ce qu'elle n'a elle-même pas vraiment cherché à cacher...

La garde des Sceaux insiste. De mon côté, je lui explique que cela n'a pas de sens, que démentir une information exacte serait contre-productif. Elle se montre très mécontente de mon attitude et demande à Guillaume Didier, le porte-parole du ministère, de démentir l'information. À partir de là, je me dis que cette histoire devient très compliquée. Je comprends qu'elle suscite un grand intérêt de la part de la presse people. Rachida en joue et s'en plaint à la fois.

Le travail à ses côtés est un enchaînement d'ordres et de contre-ordres. Quelques jours plus tard, Alain Duhamel, sur RTL à l'époque, propose lors d'une matinale une analyse critique sur sa gestion d'un dossier. Rachida m'appelle immédiatement. C'est l'une de ses énormes qualités, on a l'impression qu'elle écoute toutes les radios et regarde toutes les télés en même temps. Rien ne lui échappe. Elle passe déjà sa vie sur son téléphone. La ministre me demande d'appeler Alain Duhamel pour lui demander de corriger son propos. Ce n'est pas l'entreprise la plus facile à envisager. Mais il s'agit d'un ordre de la ministre. J'essaye, avec la plus grande diplomatie, d'appliquer sa consigne. J'appelle RTL, parce qu'à l'époque Alain Duhamel n'avait pas de portable, et une secrétaire me répond qu'il est parti. Je lui explique prudemment la raison de mon appel. « La seule possibilité, c'est de l'appeler à son domicile à 13 heures au moment du déjeuner. » Durant toute la matinée, Rachida m'appelle pour s'enquérir de la suite : « Alors tu l'as eu ? – Non, non, il n'est pas disponible. – Tu le rappelles. – Il n'a pas de portable.

– Comment ça, il n'a pas de portable ? – Je ne peux pas le joindre, je l'appellerai à midi chez lui. »

Je ne sais pas si Alain Duhamel se souvient de ce coup de téléphone, probablement pas, mais moi je n'ai pas oublié. J'en garde un souvenir cuisant. Il avait décroché assez rapidement. « Mais qui y a-t-il de si pressé pour me déranger à mon domicile ? », me demanda-t-il légitimement. « La garde des Sceaux conteste ce que vous avez dit ce matin. Elle m'a demandé de vous le dire et souhaite que vous rectifiiez. » Il m'a répondu, et c'est la réponse que j'aurais faite à sa place, qu'il était journaliste, qu'il me remerciait de mon appel, mais que « notre conversation était terminée ». Je retournai voir la ministre. « Alors, est-ce qu'il va faire un rectificatif ? – Je ne crois pas qu'il s'apprête à en rédiger un, ai-je répondu, mais le message est passé. – C'est inadmissible ! » L'instant d'après, elle passait à autre chose. Puis revenait à la charge, lourdement. Je tentai chaque fois de lui expliquer à quel point une telle attitude était contre-productive. Ambivalente, elle avait développé une relation très compliquée avec les médias. Ce qui rendait mon travail singulièrement difficile.

Mais je tenais le choc et assumais mes responsabilités. Quelque temps après l'épisode sur l'annonce de sa grossesse et sur l'affaire de « l'édito », je parcourais les hebdomadaires que l'on reçoit dans les ministères la veille de leur sortie en kiosque.

Dans *Le Point*, je tombai sur un confidentiel titré : « L'espion de Dati ». « L'espion », c'était moi. Je lus cet écho qui racontait que la garde des Sceaux surnommait son conseiller en communication « l'espion » parce qu'il aurait selon elle été placé dans son cabinet pour rapporter à l'Élysée tous ses faits et gestes. Les plus madrés en politique m'auraient certainement conseillé d'encadrer cet entrefilet car il consacrait mon appartenance au monde politique. Un monde où l'on est riche par ses ennemis. Mais je n'avais pas le cœur à ressentir cette joie cynique. Je n'aimais pas cette situation car elle me désolait.

Une fois qu'elle eut fait savoir que j'étais un espion, les choses se sont calmées, étrangement. En réalité, et malgré ce venin, elle se rendait compte que j'étais tout à fait loyal et que je m'efforçais de bien faire mon travail. Elle n'avait pas d'arguments contre moi. Rachida Dati souhaitait toujours que je l'accompagne. Sur le plan personnel, l'inimitié a diminué. Sur le plan professionnel, il était toujours très difficile de construire un discours solide car il n'y avait pas vraiment de suivi. En janvier 2009, après la parenthèse de la naissance de sa fille, les événements se sont accélérés et son départ du gouvernement est devenu une hypothèse de plus en plus crédible.

Durant cette période, Rachida Dati s'est beaucoup protégée. Pendant son séjour à la maternité, j'avais été assailli d'appels de journalistes qui tentaient de savoir où elle se trouvait. Je ne donnais aucun élément, aucune réponse. Je ne connaissais pas son intention de rester seulement trois jours en congé maternité. Cela relevait de sa vie privée. Rachida Dati y avait droit comme tout le monde. Même si certains lui reprochaient de créer une ambiguïté entre sa vie privée et sa vie publique, je n'en avais cure. On l'a vue revenir très vite au ministère, ce qui prouvait une certaine détermination et une indéniable solidité sur le plan physique et psychologique. Sa volonté était aussi de ne pas s'absenter longtemps, mais de se battre pour rester garde des Sceaux. Elle se sentait menacée, « lâchée » par la Sarkozie. Dans quelques mois se tenaient les élections européennes et tout le monde, dans les coulisses du pouvoir, envisageait un remaniement à l'issue du vote.

Un jour, « on » – c'est-à-dire un conseiller élyséen – m'appela pour me dire qu'une décision avait été prise – le mot était bien : « décision » – par le président de la République d'un ticket Barnier-Dati. La garde des Sceaux serait deuxième de liste pour l'Île-de-France. On me précisa que cela devait rester confidentiel. Le même jour, la garde des Sceaux me dit l'inverse. Je recevais donc deux informations contradictoires.

Rachida Dati m'affirma que Nicolas Sarkozy lui avait donné des garanties selon lesquelles elle resterait au gouvernement et ne serait pas candidate aux européennes, une perspective qu'elle refusait de toutes ses forces. Je ne me suis pas mêlé d'interférer mais j'ai noté que quelques amis ministres de Rachida Dati, Roger Karoutchi et Nathalie Kosciusko-Morizet, s'étaient rendus sur des plateaux de télévision pour démentir l'information de sa candidature aux européennes. Mais ces ministres ont été rappelés à l'ordre par l'Élysée : ils ne possédaient pas la bonne information. Rachida Dati serait bien candidate et l'avait elle-même validé ! On se retrouve dans le même cas de figure que pour la révélation de sa grossesse dans la presse : il existe un fait qu'elle demande de démentir. Elle sait qu'elle va être candidate avec Barnier, cela lui a été notifié. Et pourtant elle se bat pour que ça ne soit pas le cas. Comme elle ne peut pas le faire en direct, elle envoie des amis et collègues ministres dire sur les plateaux qu'elle va rester au gouvernement.

Elle crée, comme souvent, un récit parallèle. Son rapport à la vérité m'a toujours étonné. La vérité est qu'elle sera bien candidate aux élections européennes, en ticket avec Michel Barnier. Comme élu de Paris, je lui propose de venir faire une réunion dans le XVIIIe. J'organise une rencontre avec un certain nombre d'acteurs publics pour défendre sa candidature. La réunion se passe très bien. En campagne, Rachida Dati sait faire.

Elle n'avait pas envie de cette aventure européenne. On sentait qu'elle avait été poussée vers la sortie du gouvernement. Les derniers jours au ministère ont été difficiles. Elle a voulu faire un bilan de son action, parlé des réformes importantes qui avaient été portées, notamment la rétention de sûreté et les peines planchers, mais son bilan était contrasté. Les nombreuses polémiques avec les syndicats et l'administration pénitentiaire ont rendu son action illisible. Il y avait eu un certain nombre de rendez-vous manqués, comme la réforme des institutions qu'elle n'avait pas portée après le rapport Balladur.

On me demanda si j'étais intéressé par un autre poste en cabinet ministériel mais je déclinai. D'abord parce que la période avait quand même été assez intense. Ensuite, je voulais me reconcentrer sur la vie politique municipale et sur mon travail d'élu. Une élection régionale se profilait, dans laquelle je me suis engagé pleinement. Et j'ai été très vite désigné par mes pairs au Conseil de Paris pour faire partie de la nouvelle génération de la droite régionale avec Valérie Pécresse. La région était dirigée par la gauche depuis 1998 avec un Jean-Paul Huchon ancré et insaisissable, en campagne masquée. Valérie Pécresse a montré de vraies qualités de combattante mais cela n'a pas suffi. Ce que j'ai apprécié ensuite chez elle, c'est que, même ministre de l'Enseignement supérieur et battue, elle a continué à travailler et à mener l'opposition au conseil régional. Elle s'est investie dans son mandat. C'est la clé de son succès de 2015. Les électeurs franciliens ont senti une détermination, malgré la défaite, à continuer à construire les choses sur le terrain.

Dans la foulée de cette campagne, j'ai été élu au conseil régional dans l'opposition. Quelques années plus tard, lors d'un rendez-vous avec Édouard Balladur, à son domicile, alors que je lui mentionnais que j'avais été conseiller de Rachida Dati au ministère de la Justice, entre 2008 et 2009, il a eu spontanément cette formule : « Vous saurez au moins ce qu'il ne faut pas faire. » J'ai souvent médité cette réflexion de l'ancien Premier ministre. Il est vrai, avec le recul, que cette « mission impossible » pour laquelle j'avais été envoyé au casse-pipe me procure un avantage indéniable au sein du Conseil de Paris : je connais son mode de fonctionnement mieux que personne. Je sais décrypter ses approches dont l'objectif est de me phagocyter pour obtenir un ralliement à sa candidature pour la mairie de Paris. Je sais aussi que dès qu'on lui oppose une résistance, le miel se transforme en fiel, la douceur en brutalité, les promesses en menaces. Tout cela ne m'impressionne pas.

Le fiel et la menace, c'est ce qui définit notre relation depuis 2022. Lors des élections législatives, dans une circonscription dont je suis député sortant, j'affronte Aymeric Caron, parachuté de Versailles par Jean-Luc Mélenchon, persuadé de gagner largement cette circonscription au vu des résultats de la présidentielle. Jean-Luc Mélenchon y réalise à lui seul plus de 40 % dès le premier tour. Mais fort de mon ancrage de terrain comme député sortant, je mène campagne. Et le résultat fut plus serré que certains l'auraient pensé, puisqu'on finit à 51 %-49 % en faveur mon adversaire. Il a fallu attendre les deux ou trois derniers bureaux de vote pour nous départager, tant et si bien qu'à un moment de la soirée, la maire de Paris, Anne Hidalgo, m'a dit : « Je crois que tu vas de nouveau l'emporter. » Mais les votes des derniers bureaux ont permis à M. Caron de sortir vainqueur du scrutin. Quelques semaines plus tard, plusieurs habitants de cette circonscription qui avaient voté pour le candidat de Mme Dati, investi par LR, m'ont confié avoir été choqués par un fait : les équipes de Rachida Dati les avaient appelés en leur demandant de voter pour Caron ! Le fait d'être incités à voter pour Aymeric Caron, soutenu par Jean-Luc Mélenchon, très marqué à l'extrême gauche, n'a pas manqué de susciter une certaine interrogation, voire du mécontentement chez les électeurs LR, plus à droite que moi. Je possède plusieurs témoignages d'électeurs LR de cette circonscription qui vont dans ce sens. Par conséquent, ils m'ont témoigné leur soutien. Ceux qui se sont confiés sur cette sinistre opération m'ont assuré qu'ils ne voteraient plus pour elle au vu de son comportement entre les deux tours. La politique est un milieu violent, je ne le découvre pas. Des coups très bas peuvent être portés, et le cynisme conduire certaines personnes à faire voter pour des candidats qu'ils disent pourtant combattre vivement. Mme Dati, son candidat et leurs équipes n'ont pas hésité à faire campagne contre moi et pour Aymeric Caron dans ma circonscription. Quant à moi, je n'ai pu que serrer les dents et garder ça dans un coin de ma tête.

Quelques mois plus tard, en janvier 2023, alors que je quittais en fin de journée le Conseil de Paris pour rejoindre une réunion publique dont j'étais l'invité, Mme Dati m'interpella, pensant que je quittais l'hémicycle pour éviter d'avoir à l'écouter sur un dossier dont elle allait parler. « Tu t'en vas, espèce de lâche ! » Je me suis retourné et nos regards se sont figés pendant de longues secondes. Je lui ai répondu : « Non, je ne suis pas lâche, ce n'est pas ma marque de fabrique. Je crois que la lâcheté, c'est plutôt de passer des appels entre les deux tours d'une élection pour faire voter pour un candidat de l'extrême gauche mélenchoniste. » Rachida Dati, sans se démonter le moins du monde, me répondit qu'elle assumait pleinement sa démarche.

Je raconte cette histoire parce qu'elle en dit long sur les méthodes politiques qui prévalent. Il est possible d'avoir des désaccords de fond, on peut défendre une vision différente de l'engagement public. Mais, au second tour, on ne fait pas voter pour le pire des candidats. Rachida Dati et ses amis pensent autrement. Ils ont plutôt considéré que j'étais l'homme à abattre. Leur préférence pour la manipulation et le calcul mesquin les aveugle. Ils ne comprennent pas que le courage et l'honnêteté intellectuelle consistent à se battre dans un arrondissement et dans une circonscription difficiles, très ancrés à gauche. Sur ce terrain, j'ai montré une constance, une cohérence, une fidélité, une sincérité, une authenticité, autant de valeurs qui construisent une légitimité. Dès le lendemain de ma défaite, je continuais le travail de terrain et travaillais les dossiers au contact des habitants.

En juillet 2023, six mois après cette altercation et un an après l'élection législative, je sens Rachida Dati plus agréable à mon endroit. Je la connais depuis longtemps et je remarque bien qu'elle cherche la conversation. Elle me propose de venir la voir dans son bureau. Nous discutons de longues minutes. Elle m'explique qu'il faut qu'on gagne Paris. Je lui réponds : « Je ne sais pas qui est "on" mais il faut un changement, en tout cas, positif à Paris. » Elle m'explique qu'elle est tenante de la stratégie de Nicolas Sarkozy. La meilleure, paraît-il, c'est d'être tous ensemble au premier tour pour faire le score le plus élevé et ainsi remporter l'élection municipale. L'argument *pro domo* ne m'échappe pas. Je soulève en retour deux objections. La première est que nous ne partageons pas la même vision de l'avenir de Paris. Le changement que je propose est fondé sur un long parcours dans la ville, une nouvelle méthode de gouvernance plus proche des citoyens, un progressisme sociétal et une approche écologique des politiques publiques.

Par conséquent, c'est une démarche qui n'est pas la sienne, sans hostilité mais très différente. Ensuite, je pense que la gauche a démontré depuis 2001 qu'elle était capable de gagner l'élection municipale tout en ayant deux listes au premier tour car le rassemblement n'est pas qu'une fonction arithmétique. Il correspond à un état d'esprit, à une éthique et à un mode d'organisation de la vie politique. Rachida Dati se met alors à évoquer l'élection passée de 2020 et le maintien au second tour des listes d'Agnès Buzyn, la candidate de la majorité présidentielle. Elle me parle des menaces qu'elle a exercées sur Agnès, assumant de l'avoir fait craquer au téléphone. Je décide de clore cette conversation en lui signifiant que je connais son mode de fonctionnement, qu'il ne m'impressionne pas et que ce genre de méthode n'aura pas de prise sur moi. Je souhaite ici rendre hommage à Agnès Buzyn qui a été injustement salie par une cohorte de complotistes qui n'ont pas hésité à se vautrer dans l'antisémitisme. Face à la haine et à la calomnie, elle a tenu le choc, pris des coups, mais elle s'est relevée avec dignité. Je l'ai toujours soutenue alors que certains de ses « amis » l'ont lâchée.

Quelques mois plus tard, en janvier 2024, Rachida Dati est nommée ministre de la Culture. Je suis invité sur BFMTV le soir même et on me demande ce que je pense de cette nomination. Je réponds, avec la plus grande franchise, qu'elle m'étonne pour deux raisons. La première tient au fait qu'en seize ans de mandat au Conseil de Paris, étant très engagé sur les questions de culture, mais également comme député, et comme vice-président de la commission des affaires culturelles de l'Assemblée nationale, je n'ai jamais entendu jusque-là Rachida Dati s'intéresser aux questions du patrimoine ou du soutien à la diversité de la création, que ce soit le théâtre, le cinéma, les livres, la peinture ou la sculpture. La seconde raison tient aux propos que la maire du VIIe arrondissement a tenus au sujet du macronisme, une addition de « traîtres de gauche et de traîtres de droite ». Dans une volte-face dont elle est coutumière, elle devenait ministre du président Macron. Après des mois de tractations secrètes avec le président, elle annonça la nouvelle à son groupe d'élus à Paris en laissant entendre qu'il s'agissait là d'une décision cohérente avec son désir de diriger la capitale en 2026. Le camp macroniste à Paris aurait vocation à la soutenir, peut-être dès le premier tour, selon le plan soufflé par Nicolas Sarkozy, tactique dans laquelle Rachida Dati essaya à plusieurs reprises de m'embarquer sans succès.

La nomination d'une ministre de la Culture aussi inattendue que baroque répond donc à une logique politicienne, à un « deal » passé entre Emmanuel

Macron et Rachida Dati, avec la bienveillance de Nicolas Sarkozy, toujours prêt à punir son ancienne famille politique qui l'a licencié lors de la primaire de 2016. Depuis, l'ex-président est mû par un désir de vengeance caché sous les oripeaux d'une stratégie politique consistant à siphonner l'électorat macroniste au profit de la droite. L'échec de cette analyse est retentissant. Pour autant, Rachida Dati en a profité pour récupérer le portefeuille de la Culture. Elle a également réussi à se maintenir dans le gouvernement de Michel Barnier, son ancien colistier aux européennes de 2009. Elle prépare sa candidature pour l'élection municipale de 2026 à Paris, une ville dont le terreau sociologique est irrigué par les idées progressistes et écologiques, alors qu'elle incarne une politique pro-bagnoles, concentrée sur sa guerre politique contre Anne Hidalgo. Je n'ai aucunement l'intention d'ouvrir le dossier – épais – des collusions supposées ou réelles de Rachida Dati, la justice fait son travail. Il m'importe plutôt de juger son travail au ministère de la Culture.

Prenons, à titre d'exemple, la situation des librairies. Je fréquente beaucoup ces lieux essentiels. J'aime pousser leur porte. Si je suis en avance pour un rendez-vous ou au sortir d'une réunion, il me plaît d'aller découvrir une librairie dans le quartier où je me trouve. Elles participent aussi de l'âme de Paris. Et c'est pour cette raison que je souhaite davantage les défendre parce que malheureusement des librairies ferment à cause de trop grandes difficultés.

De même les théâtres et les cinémas. Je me bats contre la standardisation de Paris. C'est pour cette raison que j'avais fait un appel à la maire de Paris au printemps 2024 et à la ministre de la Culture pour qu'elles interviennent contre la fermeture du complexe cinématographique UGC Normandie. Le nouveau propriétaire – en l'occurrence un fonds qatari – a souhaité augmenter le loyer, rendant la charge trop lourde. Je suis intervenu pour demander que la Ville de Paris s'engage, afin que le cinéma reste ouvert, et ce même s'il fallait aller au rapport de force. Je propose depuis longtemps de protéger tous les lieux culturels, cinémas, théâtres et librairies indépendants à Paris. En cas de changement de propriétaire, il faudrait qu'il soit impossible de louer le lieu à un autre acteur que culturel. Un tel dispositif préserverait la vocation de ces lieux. J'ai mené ce combat, je suis intervenu dans plusieurs journaux. Je n'ai eu aucune réponse. Surtout, ni la maire ni la ministre n'a pris d'initiative, pas même un propos public, en faveur du cinéma UGC Normandie, ce qui constitue pour moi une faute commise vis-à-vis de Paris. Quand on aime comme un maire sa ville, comme ministre de la Culture, la capitale de la France, il faut une exigence et une ambition qui fait défaut. La priorité pour diriger

Paris est de protéger sa singularité contre les prédateurs financiers et économiques et de lutter contre cette uniformisation qui guette tous les quartiers de Paris. Pour cette raison, je soutiens l'action de Sophie Dulac qui fait vivre un réseau de salles indépendantes et organise le Festival du film américain. Merci à elle.

La place du cinéma sur les Champs-Élysées aurait dû être défendue comme un motif d'intérêt général. Je suis convaincu qu'il est urgent de réinjecter du volontarisme politique parce qu'il faut défendre Paris. Et pour cela, il faut se doter d'outils permettant de protéger les lieux culturels essentiels, les cinémas, les théâtres et les librairies. Ou le rouleau compresseur du fric va l'emporter. Ce qui aura pour conséquence une disparition de tous les acteurs culturels au profit de grandes enseignes de l'habillement, un triste tropisme, bien loin des discours lénifiants sur l'attractivité de la capitale.

À peine nommée au gouvernement, Rachida Dati voit *L'Obs* publier en une « L'affaire Dati », une longue enquête sur les collusions entre les dossiers traités par l'avocate d'affaires Dati et l'ex-élue au Parlement européen. Je ne commenterai pas les instructions en cours mais je m'étonne de la précaution prise par Michel Barnier Premier ministre. Dans le décret de nomination de la ministre, il avait eu la sagesse de faire stipuler que Rachida Dati ne pourrait pas traiter avec les personnes morales ou physiques avec lesquelles elle avait été en contact durant son activité d'avocate. Comme la loi l'exige, Rachida Dati a dû fermer son cabinet. Le cas était hors du commun. Avec Dati, Emmanuel Macron avait institué sa propre jurisprudence selon laquelle des responsables politiques mis en examen pouvaient faire partie d'un gouvernement.

Le 22 juillet 2025, les juges d'instruction ont décidé de renvoyer Mme Dati et M. Ghosn en correctionnelle pour des faits présumés de recel d'abus de pouvoir et d'abus de confiance, corruption et trafic d'influence passifs. Ils seront jugés dans les prochains mois et ont droit comme tout justiciable à la présomption d'innocence jusqu'à une éventuelle condamnation définitive. Peut-on rester ministre de la République tout en ayant à assumer un procès, surtout lorsqu'on s'attaque dans les médias à l'indépendance de la justice et à des magistrats nommément ? Pour ma part je considère que c'est incompatible afin de préserver la séparation des pouvoirs et l'intérêt général. Il faut savoir protéger la fonction que l'on occupe et le gouvernement auquel on appartient. Quant à sa candidature à la mairie de Paris, la décision relève de sa conscience et de son éthique personnelle.

Chapitre X

Anne Hidalgo : la Dame de Paris

Décidément, quand ça ne veut pas, ça ne veut pas, comme disait Jacques Chirac. Le 25 novembre 2024, déjà bousculée par l'annonce d'un procès, Rachida Dati perdait son punching-ball préféré. Ce jour-là, Anne Hidalgo officialisait dans *Le Monde* ce qui était devenu un secret de polichinelle dans les couloirs de l'Hôtel de Ville : la maire de Paris ne briguerait pas un troisième mandat en 2026. Leur opposition lors des Conseils de Paris était devenue au fil des années un des spectacles politiques les plus courus. Piques et philippiques lancées tour à tour par l'une ou par l'autre animaient les séances du Conseil de Paris et Rachida Dati, à la tête du groupe Changer Paris, n'avait de cesse de chercher à nous enrôler dans une guerre frontale contre Hidalgo, sans accorder la moindre place à la nuance. À l'entendre – et à lire ses textos comminatoires –, nous étions avec elle ou contre elle. Cette attitude n'empêcha pas Anne Hidalgo d'être réélue en 2020. Pour remporter la mairie, il faut un projet bien pensé et bien construit. Un numéro de seule en scène, aussi amusant et rodé soit-il, ne pourra jamais remplacer des années de travail nécessaire pour maîtriser les dossiers de la capitale.

Cette décision d'Anne Hidalgo de se retirer après douze ans à la tête de la mairie de Paris fut, à juste titre, saluée par de nombreux responsables publics. Dans un pays où l'on a l'habitude de voir les élus s'accrocher à leurs mandats et aux hochets du pouvoir, on ne peut que saluer la sagesse d'Anne Hidalgo qui, en la matière, a adopté le comportement de son prédécesseur, Bertrand Delanoë. Il avait annoncé qu'il ne se représenterait pas au bout de deux mandats et il tint parole en laissant la place à sa première adjointe qui avait construit sa légitimité sur sa constance et sur sa connaissance des dossiers parisiens. Deux conditions *sine qua non* pour gagner la confiance des Parisiens qui ne sont pas dupes des flamboyances ni des étoiles filantes médiatiques. Non seulement Anne Hidalgo n'a jamais manifesté le souhait de participer à un gouvernement mais lorsque François Hollande était à l'Élysée, elle n'a pas hésité à critiquer la politique du président, un message adressé aux frondeurs au sein du conseil municipal, en particulier les communistes et les écologistes avec qui elle avait passé un accord de coalition.

L'adoption du Mariage pour tous étant la seule réforme voulue par François Hollande qui pouvait trouver un écho au sein de l'électorat parisien, Anne Hidalgo avait pu construire sa campagne en prenant ses distances avec la politique économique menée par les socialistes au gouvernement. Ce qui avait rassuré les communistes. De même avec les écologistes. En 2014, elle leur promit une rupture avec la voiture si elle était élue. Elle respecta sa promesse, en redécoupant les voies et les rues de la capitale selon des pistes cyclables. Tout en devenant l'objet d'une détestation parfois irrationnelle, la maire de Paris continuait à solidifier son socle électoral, en dépit des commentaires et analyses à courte vue, prouvant qu'un édile gagne toujours à concrétiser ses engagements. En cela, elle représente un exemple d'efficacité politique. Elle quittera la mairie après le succès des Jeux olympiques de 2024, un trophée dont elle va polir le souvenir même si la forte implication de la mairie ne peut expliquer à elle seule le succès de cet événement, largement financé et organisé par des structures extérieures sous la houlette de Tony Estanguet.

J'avais repéré Anne Hidalgo lorsqu'elle était la première adjointe de Bertrand Delanoë lors du premier mandat, en charge de l'égalité femmes-hommes et du bureau des temps. Elle avait été injustement moquée pour s'être occupée de ce sujet comme première adjointe alors que ce sont des sujets importants pour les Parisiennes et les Parisiens. Son énergie et sa fougue – ses détracteurs parlent de foucades et de tornades – m'interpellaient. En outre, l'histoire de cette fille originaire de Cadix, en Andalousie, devenue inspectrice du travail tout en gravissant les échelons du Parti socialiste, titillait ma curiosité. L'égalité hommes-femmes était un dossier qui convenait parfaitement à cette héritière de la Movida qui revendiquait ses libertés après les années passées sous le joug franquiste. Bien que je n'appartienne pas à la famille socialiste, les débats portés par le parti de Jaurès m'intéressaient intellectuellement. C'est pourquoi j'observais Anne Hidalgo avec intérêt. Elle se battait pour faire avancer la cause de l'égalité entre les hommes et les femmes. Hidalgo, première adjointe, s'occupait aussi du bureau des temps, ce qui n'est pas rien dans une ville comme Paris, où chaque minute est précieuse pour organiser sa vie. La rapidité, c'est Paris, ce qui fait la vraie différence avec la vie en région. À Paris, tout va plus vite. Le Parisien marche vite, c'est son rythme.

J'ai vu la combativité d'Anne Hidalgo lors d'un débat sur RTL, où j'accompagnais Françoise de Panafieu en 2008 qui débattait face à Denis Baupin, candidat écolo, et à Marielle de Sarnez, candidate du Modem. Bertrand Delanoë n'avait pas souhaité faire ce débat et avait envoyé Anne Hidalgo à sa place. J'avais été frappé par sa ténacité. Je l'ai surtout découverte lorsque j'ai été élu au Conseil de Paris quelques semaines plus tard. Elle avait été confirmée comme première adjointe, mais cette fois en charge de l'urbanisme. Nous avons, à plusieurs reprises, débattu de ces sujets en séance. Je me souviens que dans un Conseil de Paris, en juillet 2008, alors que je parlais de créativité en matière d'urbanisme, elle avait non sans malice souligné qu'« au moins », je portais des idées. Ajoutant : un « rayon de soleil » pour l'opposition dans ce Conseil de Paris ! De tels propos ne pouvaient que contribuer à tisser une relation cordiale. Nous avions pris l'habitude d'échanger avec une certaine régularité, malgré des convictions bien différentes sur certains dossiers. Je suis convaincu que le respect est une valeur cruciale en politique.

Pourtant, lorsque j'ai présenté ma candidature en 2013 à la primaire de la droite et du centre, l'atmosphère a changé. J'ai été opposé à Anne Hidalgo lors d'un débat sur BFM. Elle avait considéré ma démarche avec une belle condescendance, soulignant que j'avais de « réelles qualités », que j'étais « très engagé », jeune – donc trop jeune –, avec des idées intéressantes sur les mobilités et sur le progrès sociétal. Ce jour-là, elle pensa porter l'estocade en avouant ne pas comprendre pourquoi je ne me situais pas à gauche. Je répliquai qu'être progressiste sur les questions sociétales et sur l'écologie n'obligeait aucunement à être de gauche.

Durant ce débat, je lui avais proposé de créer une police municipale en m'appuyant sur les attentes des Parisiennes et des Parisiens qui me transmettaient ce besoin sur le terrain. Sa réponse avait été assez véhémente. Il n'était pas question pour elle de céder à ces demandes. Six ans plus tard, Anne Hidalgo se déclarait favorable à la création d'une police municipale. Sur ce sujet, j'avais un temps d'avance.

Lorsqu'Anne Hidalgo est devenue maire, je me suis immédiatement opposé à sa vision de l'urbanisme, et notamment au projet de construction de la tour Triangle, voulue également par Rachida Dati. Hidalgo et Dati sont les sœurs jumelles de la tour Triangle. On ne peut pas se dire écologiste quand on construit en hauteur. C'est ce que j'ai compris assez vite en m'intéressant de près à la question des tours. Dès 2010, il y a quinze ans, il était établi que les constructions en hauteur étaient énergivores et donc anti-écologistes. Raison pour laquelle, avec constance, je me suis battu contre les immeubles de grande hauteur à Paris. La tour Triangle est une hérésie écologique. Ce dossier met en lumière la différence entre les discours et les actes. Entre la maire et moi, les relations se sont tendues lorsque j'ai été élu député en 2017. Je l'ai constaté, d'autant plus surpris que cette crispation n'était pas de mon fait.

Dans *Le Monde 2*, l'édition du week-end du quotidien du soir, à l'occasion d'un portrait consacré à Anne Hidalgo, le journaliste avait écrit que, parmi les opposants interrogés, j'avais été le moins caricatural. Pourtant, évoquant une de mes critiques sur sa gestion de la ville, elle opta pour une réponse très agressive, très personnelle, comme si j'étais devenu un candidat gênant pour sa réélection. Les choses se sont apaisées quand elle a senti que le danger venait des candidats En Marche, qui avaient le vent en poupe dans les sondages. Benjamin Griveaux atteignit 32 % d'intention de vote en juin 2018.

En 2019, Anne Hidalgo a communiqué en septembre sur la place du vélo en proposant aux Parisiennes et aux Parisiens de se déplacer avec elle en deux-roues. J'y suis allé. Elle a été surprise de me voir en bas de son bureau à l'Hôtel de Ville sur mon vélo, prêt à tester les pistes cyclables. J'avais pris un vélo qui n'était pas électrique, nous avons fait le tour de l'est de Paris, Hôtel de Ville, République, Bastille, Nation. Je plaide pour les mobilités douces, pour le vélo, peut-être avec une conception un peu différente de Mme Hidalgo. Je souhaite un vélo à l'échelle du Grand Paris, un « Vélopitain » avec davantage d'harmonisation pour protéger les cyclistes ainsi que les piétons qui sont les grands oubliés de la politique municipale. Je souhaite donner la priorité aux déplacements des piétons qui sont les plus vulnérables sur l'espace public.

À partir de 2020 et de la réélection d'Anne Hidalgo, j'ai présidé un groupe d'opposition, Union Capitale, plus petit mais plus constructif et progressiste que Changer Paris. Les relations sont redevenues plus cordiales. Lors de nos tête-à-tête, Anne Hidalgo m'a toujours affirmé qu'elle respectait mon parcours sincère pour Paris, mon engagement dans le XVIIIe, cette fidélité aux Parisiennes et aux Parisiens. Elle insistait régulièrement sur ma capacité à travailler les dossiers et à incarner une modernité. J'écoutais ses paroles sans être dupe. Je comprenais qu'au-delà des mots aimables, il y avait chez elle la volonté de me différencier avec l'opposition de Rachida Dati.

Je suis convaincu qu'Anne Hidalgo n'aurait jamais dû être sous-estimée, ce qui fut l'erreur de la plupart de ses concurrents en 2014 et en 2020. En 2014, on disait qu'elle n'était pas connue. Comme première adjointe, elle était contestée à l'intérieur du Parti socialiste. Dans l'entourage de Nathalie Kosciusko-Morizet, on se persuadait que NKM était plus connue qu'elle, avait plus de charisme et d'aura, qu'Hidalgo serait balayée par une rock star. Résultat : malgré une NKM très coriace lors de leur débat d'entre deux tours, Hidalgo a gagné grâce à sa ténacité et à sa détermination. C'est ainsi qu'elle est devenue maire. La veille de sa réélection, en 2020, on disait qu'elle était « finie », en parlant de son avenir politique. « Elle va perdre Paris. » À l'époque, je prenais le contre-pied de ces pronostiqueurs de courte vue en leur signalant qu'il fallait se méfier d'elle, parce que je connaissais son énergie.

Aujourd'hui, le débat fait rage sur son héritage politique et sur son bilan. Pour ma part, je veux retenir d'Anne Hidalgo sa résilience. Je me souviens avoir été impressionné lorsqu'après son très mauvais score à la présidentielle, en 2022, elle donnait l'impression que tout glissait sur elle. J'avais été frappé par cette phrase qu'elle avait prononcée : « Tous les matins, je me lève et je considère que les gens m'aiment. » Cette méthode Coué est incontestablement une force pour affronter l'adversité. Mais cet état d'esprit trahit également une faiblesse. La méthode Coué bride l'autocritique et empêche de se remettre en cause. Cette disposition lui a manqué tout au long de son mandat. De nombreuses critiques sont venues de la part des Parisiennes et des Parisiens sur les questions de propreté, la gestion des travaux et les dossiers du quotidien. À chaque fois, elle s'est braquée en tançant ses contempteurs : soit on ne comprenait pas ce qu'elle faisait, soit il s'agissait de fausses allégations. Pourtant, les problèmes sautent aux yeux. Ce manque d'autocritique l'a empêchée de changer d'orientation afin d'obtenir des résultats. Un maire doit se montrer pragmatique, à l'écoute de ses concitoyens comme de ses équipes, des sphères économiques, du monde associatif, de l'État, de la région, des communes riveraines et être capable de comprendre les critiques. Il faut savoir écouter, réorienter, expérimenter, mieux évaluer, mieux anticiper. On touche là à la faiblesse de l'ère Anne Hidalgo.

Cependant, elle a eu raison de vouloir transformer sa ville sur le plan écologique. Je suis moi aussi « 100 % écolo » et très engagé sur ces questions. Anne Hidalgo a développé le vélo. Je suis déterminé à amplifier cette politique mais avec une stratégie et des aménagements plus opérants, en mettant en place un plan d'éducation au savoir-rouler et de sanction des incivilités. Il est toutefois possible de tirer des leçons pour la prochaine mandature. Hidalgo s'est dite écologiste mais elle a soutenu la construction de 3 millions de mètres carrés de béton. Le bétonnage de Paris, c'est anti-écologique. C'est une pollution supplémentaire dans une ville-monde comme Paris, dont la densité est égale à celle de Mumbai. Je suis déterminé à changer d'échelle. Il est indispensable d'atteindre celle du Grand Paris pour construire des politiques urbanistiques, d'attractivité, de logement, de lutte contre la pollution et contre le bruit. Ces sujets-là doivent être traités au niveau de la métropole. Je regrette que l'on vote un plan local d'urbanisme bioclimatique qui aura du mal à se concrétiser. Ce que je porterai en tant que maire, c'est le Grand Paris des années 2030 et 2040 pour permettre à la capitale d'avoir un temps d'avance, de créer, d'inventer ce qui n'existe nulle part ailleurs, en agissant avec une bonne méthode, la culture de l'évaluation, de l'expérimentation, et la capacité de travailler avec tous les partenaires pour remettre la performance et la réussite au cœur de la gestion de l'Hôtel de Ville.

C'est ainsi qu'on peut changer le quotidien de manière positive et obtenir des résultats pour la qualité de vie des Parisiennes et des Parisiens, sur la lutte contre le réchauffement climatique, l'accès au logement, à des cantines de qualité pour les enfants, à des créneaux horaires pour les clubs et les associations sportives. Des politiques positives ont été menées, j'en ai voté. Lorsqu'un exécutif réalise de bonnes choses, il faut le reconnaître. J'ai voté les projets qui me semblaient aller dans le bon sens, et suis donc plus légitime à critiquer ce qui dysfonctionne.

Je ne me suis jamais attaqué à la personne d'Anne Hidalgo, parce que je la respecte, ainsi que la fonction qu'elle occupe. Nous avons même travaillé ensemble entre 2015 et 2017, lorsque j'étais dans l'exécutif régional en charge de la candidature de Paris aux Jeux olympiques et paralympiques. Nous avions des réunions régulières autour de Tony Estanguet et de Bernard Lapasset, nous avons pu travailler en bonne intelligence, dans l'intérêt général. Le temps de l'élection permet de dénouer des problèmes, d'expliquer les différences de vision et de projet. Le temps des mandats exige le respect des personnes et des institutions. L'opposition doit combattre une majorité sur les sujets où il y a des désaccords et travailler en faisant des contre-propositions. J'ai porté chaque année, en décembre, des contre-budgets au budget de Mme Hidalgo, avec des propositions d'économies très précises, financées à l'euro près, pour montrer qu'il y avait une autre gestion possible de Paris. Je suis convaincu que c'est ainsi qu'on retrouvera le respect des électrices et des électeurs. Je me suis opposé à la hausse de la taxe foncière qu'elle a décidée parce qu'elle n'a pas voulu faire des économies sur le train de vie de l'Hôtel de Ville. Malgré nos différences et le changement que je porte, je n'hésiterai pas à prendre l'avis des anciens maires de Paris sur de grands sujets concernant l'avenir de notre capitale.

Chapitre XI

La référence Juppé

En suivant la manière dont le président de la République s'était investi dans l'incarnation du chantier de Notre-Dame, j'avais la conviction que nous assistions à la fin d'une époque, à la fin de la verticalité et des « monarques républicains ». L'attitude est désormais datée. L'exemple de Jacques Chirac, passé de l'Hôtel de Ville à l'Élysée, en 1995, est unique. Depuis, ce mandat est considéré à tort comme une étape vers le pouvoir suprême. Ce n'est pas le mandat qui est un tremplin mais ce qu'on en fait et la manière dont on l'incarne. Jacques Chirac ne s'est jamais inscrit dans la tradition de la monarchie républicaine ou du potentat municipal. Lui qui dévorait la vie à grandes enjambées était mû par un mantra de sage : chaque pas doit être un but. C'est la raison pour laquelle je décidai de mettre mes pas dans ceux d'Alain Juppé, son « fils préféré ».

Je rencontre au ministère des Affaires étrangères, au début de l'année 2012, Gilles Boyer, qui est alors le conseiller politique d'Alain Juppé, pour lui proposer de le faire venir dans son ancienne circonscription de Paris, la XVIIIe, alors que je m'apprête à être candidat pour la première fois. Gilles Boyer pose beaucoup de questions sur mon engagement, sur les enjeux de cette circonscription. J'ai depuis tissé une belle relation de confiance avec lui. Il est le « meilleur d'entre nous ». Gilles a un sens politique hors pair, un humour féroce et une grande agilité intellectuelle. C'est aussi un très bon écrivain.

Il me rappelle très vite pour m'informer qu'Alain Juppé serait très heureux de revenir dans sa circonscription et de venir m'aider, ce qu'il fera avec élégance et cœur. C'est le début d'une rencontre politique essentielle pour moi. Tout a commencé entre nous avec le XVIIIe arrondissement. Alain Juppé a été élu pour la première fois dans le XVIIIe en 1983, comme conseiller de Paris. Il sera adjoint en charge des finances de la ville de Paris puis député en 1988 et en 1993 de cette circonscription. Il laissera le souvenir d'un homme à l'écoute de ses concitoyens, intervenant sur tous les sujets, d'envergure ou non. Sa permanence était installée rue Caulaincourt. Il possédait un petit carnet de notes dans lequel il inscrivait les tâches à accomplir, les personnes à rencontrer. Il avait toujours la volonté de bien faire. C'est un immense travailleur, il l'a démontré tout au long de sa carrière, dans les plus grandes fonctions comme dans les fonctions locales, avec le souci d'obtenir des résultats. À partir de ce moment-là, s'est nouée entre nous une relation de confiance.

À la fin du quinquennat de Nicolas Sarkozy, quand le président, affaibli, s'est appuyé sur les chiraquiens, Alain Juppé est revenu au gouvernement comme ministre de la Défense puis des Affaires étrangères où il a déployé ses qualités de diplomate. Maire de Bordeaux, il s'était bonifié à travers ce mandat de maire qui lui avait permis de transformer sa ville. Quand on se souvient de Bordeaux en 1995 et quand on voit la ville en 2019, date de son départ au Conseil constitutionnel, le changement saute aux yeux : Alain Juppé a laissé derrière lui une ville embellie, animée, lumineuse, avec des quais rendus aux piétons et aux cyclistes. Les tramways ont renforcé la mobilité et désenclavé les quartiers, la Cité du vin renforcé l'attractivité de la ville. Le dynamisme économique a apaisé la ville et a permis une rénovation urbaine. Alain Juppé a été un maire visionnaire qui a fait avancer les dossiers les uns après les autres, qui a transformé sa ville et rassemblé les Bordelais qui lui ont fait confiance à de multiples reprises jusqu'à le réélire dès le premier tour en 2014, alors que la ville venait de voter largement deux ans auparavant pour le candidat socialiste à la présidentielle François Hollande.

En 2014, Alain Juppé est de nouveau venu sur le terrain me soutenir aux élections municipales, tout comme en 2015, aux élections régionales, alors que j'étais tête de liste du département de Paris pour Valérie Pécresse. On se retrouvait souvent À la Pomponnette, un vieux restaurant bien connu de Montmartre appartenant à la même famille depuis plusieurs générations. Naturellement, je m'engage pour Alain Juppé lors de la primaire de la droite et du centre en 2016. Je deviens l'un de ses porte-parole et nous apprenons à travailler ensemble. Ce fut pour moi un plaisir et un honneur. Tout va vite avec lui. Il comprend tout très vite. Les discussions sont toujours directes et franches. Il ne se paie pas de mots. Il n'accorde sa confiance qu'à un cercle restreint. Il sait que c'est accepter de se mettre en danger dans un milieu où le spectre de la trahison rôde en permanence. J'ai porté avec d'autres sa parole pendant cette campagne et défendu son projet auquel j'ai cru et auquel beaucoup de Français ont adhéré. Sa démarche n'a pas été couronnée de succès puisque c'est François Fillon qui a remporté la primaire. Il aura sûrement mieux négocié le dernier virage.

Malgré tout, Alain Juppé possède la vision d'un homme d'État, sans démagogie, sans populisme ni volonté de dire ce que les gens veulent entendre. Son projet était très réfléchi sur les questions de l'école, mais aussi sur les sujets économiques et sociaux. Il prônait une politique de l'offre qui aurait permis de financer les solidarités auxquelles est attaché ce gaulliste social. En 2017, Emmanuel Macron remporte l'élection présidentielle avec la même philosophie. C'est pour ça qu'une partie des soutiens d'Alain Juppé rejoindront Emmanuel Macron. Édouard Philippe comme d'autres se sont reconnus dans les idées portées par le nouveau président, vainqueur de la compétition au terme d'une campagne au cours de laquelle la droite a explosé.

Je me suis engagé pour Alain Juppé parce qu'il portait une vision ouverte de la société. Je crois à l'équilibre entre efficacité économique et cohésion sociale, entre une société ouverte, multiculturelle, qui sait d'où elle vient, capable de transmettre son histoire, son patrimoine, sa culture. Alain Juppé a osé le concept d'identité heureuse, ce qui lui a été beaucoup reproché pendant la campagne. Il a été attaqué par la droite dure et par l'extrême droite. Il voulait affirmer que nous devions être fiers de notre identité, heureux d'être français et forts de nos acquis pour nous projeter vers l'avenir. Telle était sa volonté : proclamer que la France pouvait réussir grâce à une bonne école, aux formations, au travail. C'est la condition pour affronter les grands défis du siècle, le défi de la transformation écologique de notre modèle face au réchauffement climatique, une cause qu'a portée très tôt Alain Juppé et dans laquelle il s'est investi. Il a perçu comme gouvernant et comme maire les grandes questions géopolitiques, prévoyant les mutations, les changements de nos démocraties, fragilisées par la montée des extrémismes et du populisme, voyant le renforcement de la Chine et des États autocratiques, et percevant les dangers, les fractures et les tensions, sinon les guerres à venir. Ce qu'on appelle le « glocal », le fait de développer une vision globale avec des politiques locales, résonnait comme une évidence. C'est l'intelligence de l'homme d'État qui m'a encouragé à le soutenir face à des candidats qui ont flatté l'esprit militant d'une partie de la droite, sans chercher à rassembler et à fédérer les Français. Les résultats de l'élection présidentielle de 2017, avec la victoire d'Emmanuel Macron, ont montré que si Alain Juppé avait été le candidat du rassemblement de la droite et du centre, il aurait emporté l'adhésion des électeurs et été président pour un seul mandat, pour agir et transformer, sans pression de la réélection. Ce rendez-vous manqué, il faut en assumer la responsabilité. Mais c'est aussi un rendez-vous manqué pour le pays, parce qu'Alain Juppé était prêt, avec sa puissante expérience politique. Son destin troublant repose la lancinante question des dirigeants qui échouent parce qu'ils ont eu raison trop tôt.

Dans d'autres circonstances, Jacques Chaban-Delmas, un baron du gaullisme et grand résistant, avait lui aussi voulu bousculer les codes avec un discours sur « la nouvelle société », quand il accéda au poste de Premier ministre en 1969. En affirmant la nécessité de dépasser les clivages et de sortir de la logique d'affrontement au nom de l'intérêt général, en dédiabolisant la gauche en faisant entrer le social-démocrate Jacques Delors dans son cabinet à Matignon, « Chaban » le réformateur avait braqué la droite conservatrice qui s'arrangea pour l'éliminer du jeu et jeter son projet aux oubliettes. Le pays aurait pu prendre une avance stratégique. Un rendez-vous manqué, déjà.

L'exemple d'Alain Juppé m'inspire. À ses côtés, j'ai été encore plus convaincu de l'impérieuse nécessité de rester solide sur ses convictions, de cultiver le sens de l'intérêt général et d'acquérir de la compétence sur les sujets. Il a été nommé en 2019 au Conseil constitutionnel et a tourné ainsi la page de la politique, à Paris, à Bordeaux, au RPR, à l'UMP, ministre du Budget, ministre des Affaires étrangères, Premier ministre. Aujourd'hui, je prends toujours plaisir à aller le voir et le consulter. Nous déjeunons de temps en temps dans le XVIIIe, non plus À la Pomponnette, mais à La Mascotte, chez Thierry Campion. Je suis très sensible à son regard, toujours bienveillant à mon endroit. J'ose le terme, c'est le regard d'un père. Ce regard qui m'a tant manqué.

Chapitre XII

Ce que je pense de Macron et de ses deux quinquennats

Macron ne m'a jamais soutenu. En 2017, dans ma circonscription, il soutenait Myriam El Khomri, ancienne ministre du Travail de François Hollande et de Manuel Valls, pour qui j'ai de l'estime. Le premier duel fratricide d'une macronie à peine naissante. J'avais fait le choix d'apporter mon soutien à cette nouvelle majorité. Le gouvernement d'Édouard a été au rendez-vous de la réforme. Le dédoublement des classes en zone d'éducation prioritaire, je le constate dans le XVIIIe à Paris, ça marche. Donner plus à des enfants qui ont moins de capital social et culturel au départ, c'est une bonne pratique. On concrétise l'égalité des chances, on renforce le pacte républicain. Les études montrent les effets bénéfiques de cette mesure sur les enfants pour maîtriser l'écriture, le calcul et la lecture. La réforme de l'apprentissage, même si elle subit aujourd'hui les effets du ralentissement économique, est une bonne mesure. On a rattrapé un terrible retard par rapport à d'autres pays européens, comme l'Allemagne. Emmanuel Macron lors de son premier mandat a incarné un « leadership » européen avec une vision et un engagement de la France, il a porté l'attractivité du pays et lui a donné un souffle nouveau.

Sans rejoindre les Marcheurs, j'ai souhaité contribuer à sa réussite et me suis donc impliqué comme député sur un certain nombre de sujets et de dossiers. Certes, j'ai rapidement identifié les faiblesses, notamment sur la transformation écologique. Je me suis opposé au choix d'augmenter la CSG sur les retraites. La machine s'est enrayée, surtout depuis 2020. La campagne présidentielle de 2022, menée dans un contexte tendu, a été remportée dans des circonstances singulières, quelques mois après le déclenchement de la guerre en Ukraine. Les électeurs de droite ont souhaité éviter la victoire de Marine Le Pen. Sur le chemin des urnes, ce sont eux qui ont placé Emmanuel Macron en tête au détriment de Valérie Pécresse.

La campagne des législatives de 2022 n'a pas été menée par le président, il a même donné le sentiment de ne pas être concerné. Le point d'orgue fut atteint le jour où au milieu d'un vacarme de moteur, sur un tarmac d'aéroport, juste avant de s'envoler pour la Roumanie, il a évoqué en quelques minutes les élections. Une faute. Cette mise en scène traduisait l'inquiétude de dernière minute du camp présidentiel sur l'issue du scrutin. J'ai gardé en mémoire l'analyse d'un professeur en droit public de l'université de Caen sur les ondes de France Info : « On est devant l'avion marqué République française, les moteurs tournent, le président est prêt à s'envoler vers la guerre, c'est un peu Tom Cruise. » J'avais été frappé par le fait qu'un politologue ait recours à l'ironie pour étayer son propos. Voilà qui me renseignait sur le niveau de désarroi déclenché par les agissements présidentiels. Le président avait déjà tardé à nommer un gouvernement et opté en dernière minute pour Élisabeth Borne au poste de Première ministre. Ses attitudes politiques n'étaient pas les bonnes : une gestion du temps chaotique, une hésitation sur les personnes, le refus de mener campagne tout en demandant aux Français de lui donner une majorité. Résultat : une majorité relative. Puis le président s'est comporté comme s'il avait obtenu une majorité absolue. Je plaidais avec Édouard pour une coalition, il fallait bâtir un contrat avec les sociaux-démocrates et les Républicains. Le président ne l'a pas voulu. Élisabeth Borne, qui a été une Première ministre courageuse, a essayé, projet par projet, de trouver des majorités. Elle n'a pas eu beaucoup de reconnaissance, puisqu'en plein mois de janvier 2024, à quatre mois de l'échéance européenne, elle a été remerciée sans qu'on sache vraiment pourquoi.

Gabriel Attal, qui lui succéda et que je connais bien, a du talent et une ambition légitime. Il fut un excellent Premier ministre. Je l'avais tout de suite remarqué en arrivant à l'Assemblée nationale en 2017. La clarté de ses prises de parole et sa compréhension fine du jeu politique ont tout de suite retenu mon attention. Il a innové, lorsqu'il était porte-parole du gouvernement, avec une communication qui s'appuyait sur les influenceurs afin de tenter d'ouvrir la politique à une partie de la jeunesse qui s'en détourne massivement ou est tentée, parfois, de choisir les extrêmes. Malgré un passage rapide, il a fait bonne impression à l'Éducation nationale, notamment sur le harcèlement scolaire. La France a tardé à prendre conscience du phénomène et à bâtir une réelle politique publique de lutte contre ces violences. Gabriel Attal l'a dénoncé avec des mots forts à la rentrée 2023 et a posé des premiers actes. Il a également fait preuve de courage en tranchant sur l'interdiction des abayas et qamis dans les établissements scolaires. L'État ne reconnaît aucun culte et protège la foi de tous les citoyens sans distinction, mais la foi n'est jamais au-dessus de la loi. Il ne s'agit pas de stigmatiser, mais d'établir des principes clairs. La République garantit à tous les citoyens de vivre leur foi en toute liberté, mais l'école doit rester le creuset de la laïcité où se forment des esprits libres et éclairés. C'est toute la philosophie d'Aristide Briand pour qui la loi de 1905 accordait aux citoyens « la pleine liberté d'exercer leurs cultes sans autre limites que le respect de l'ordre public ». Il est du devoir des responsables politiques de réparer les failles que chaque petit renoncement de ces 30 dernières années a fini par creuser. Sa nomination à Matignon en janvier 2024 fut accueillie avec enthousiasme, faisant de lui le plus jeune Premier ministre de la Ve République. La réalité est qu'Emmanuel Macron aurait dû le nommer en juin, après les élections européennes. Ce choix a certainement privé Gabriel Attal du temps nécessaire pour mettre en œuvre ce qu'il avait prévu d'entreprendre pour le pays.

Le résultat des européennes a retenti comme un coup de tonnerre dans un ciel d'été, alors qu'Emmanuel Macron soutenait encore mordicus à ses visiteurs la veille du scrutin que son camp arriverait en tête. À 20 heures, c'est la douche froide. Le RN est en tête dans 93 % des communes françaises. Quarante minutes après l'annonce des résultats, le président de la République décide de dissoudre l'Assemblée nationale. Sans prévenir personnellement le Premier ministre, en informant du bout des lèvres et par téléphone les deux présidents de chambre, respectant ainsi *a minima* la Constitution. Une dissolution hasardeuse, orgueilleuse et non préparée. Ni le Premier ministre ni les chefs de partis de sa majorité n'ont été consultés. Une fois de plus, les calculs présidentiels, et ceux de ses piètres stratèges, se sont révélés faux : dès la première semaine de campagne, le Nouveau Front populaire s'organise en un temps record alors que socialistes et Insoumis se sont écharpés les semaines précédentes. En l'espace de 48 heures, les voilà d'accord sur des candidats communs et sur une ébauche de projet. La majorité présidentielle sortante, groggy, qui a quand même mis une bonne semaine pour se retourner face à cette dissolution, n'a pu anticiper. Une profonde méconnaissance de l'histoire de la gauche française a empêché l'entourage présidentiel d'appréhender cette loi de fonctionnement : dès que des sièges et des mandats sont en jeu, l'unité à gauche est immédiate. J'en veux alors d'autant plus au président Macron, pour qui j'ai de l'admiration car, chacun l'a bien compris, cette dissolution risque de nous mener vers l'impasse politique.

Pour expliquer son geste, le président a brandi une seule justification : l'Assemblée ne ressemblait pas aux Français, il fallait leur donner la parole. En réalité, en ayant installé un tel chaos, Emmanuel Macron a lui-même façonné un paysage politique instable et morcelé. Si l'on veut créer un espace politique en France pour faire travailler ensemble les sociaux-démocrates, la droite modérée et le centre, il faut lancer le droit d'inventaire du macronisme. Si on ne le réalise pas, l'idée même d'un « bloc central » sera démonétisée et déconsidérée.

Procéder au droit d'inventaire du macronisme, ce n'est pas tirer à boulets rouges sur la période ni sur le président, mais porter un regard lucide sur ce qui a pu dysfonctionner ou être incompris des Français afin de changer les orientations futures. Mais aussi assumer ce qui a été réussi car sur l'emploi, l'apprentissage ou la défense des intérêts de la France, Macron a été au rendez-vous. Il a du courage et c'est un infatigable travailleur. Mais le refus d'une coalition, dès 2022, au motif spécieux que ce n'est pas dans la culture française, a été fatal. Le macronisme ne prétendait-il pas changer les usages ? Il a fallu subir pourtant des décisions laissant comprendre qu'on peut changer de Premier ministre sans raison, passer par-dessus l'Assemblée nationale. Le refus de trouver un point d'accord avec un syndicat réformiste sur un texte aussi crucial que celui des retraites dépasse l'entendement. Pis, au moment où on fait cette réforme, on critique le seul interlocuteur, Laurent Berger, le dirigeant de la CFDT, susceptible d'apporter son utile contribution. Résultat : la CFDT s'est retrouvée dans la rue et a rejoint le camp, déjà très fourni, du mouvement social contre la réforme des retraites, le deuxième d'ampleur après les Gilets jaunes. J'aurais attendu un rapport différent au pouvoir, aux Français et aux corps intermédiaires. J'ai une culture du dialogue et de la recherche du compromis qui m'amène à prendre mes distances avec une vision verticale des choses.

Sans droit d'inventaire, l'espace central risque de décliner. Personne, à droite, n'a fait l'inventaire du sarkozysme. Ils n'en ont pas eu le courage. Et douze ans après, ils sont à 5 %. Lionel Jospin, lui, a fait le droit d'inventaire du Mitterrandisme. Bien sûr, ça a secoué, ça a pu déplaire à certains. Mais en 1997, il gagnait les élections.

Le chaos de la vie politique donne le tournis aux Français qui se protègent comme ils peuvent, surtout en se désintéressant des affaires publiques. La nomination de Michel Barnier après un été de tergiversations et de tractations politiciennes n'a pas apporté « la clarification », selon la formule du président de la République pour justifier la dissolution. L'ancien négociateur du Brexit, solidement implanté, passé par tous les mandats et postes de la République, formé par quarante ans de vie politique, a tenu trois mois à Matignon, censuré par le RN et le NFP. La radicalité a pris la modération en étau. On croyait avoir tout vu dans ce spectacle épique et sombre de la fin du second quinquennat Macron. La nomination au forceps de François Bayrou à Matignon, contre la volonté d'Emmanuel Macron, s'inscrit dans les annales de leurs relations ambivalentes.

J'ai toujours considéré François Bayrou. Il a des convictions, c'est un homme libre et ancré dans le Béarn. C'est un parcours au mérite, il a réussi par l'école de la République. Je lui trouve du courage, il a fait face à beaucoup de mépris, vaincu son handicap. Ce fut probablement un exercice qui lui a demandé abnégation et détermination. Il est agrégé de lettres classiques et je suis admiratif de sa culture et de sa maîtrise des langues anciennes, ainsi qu'un amoureux de littérature. Il a commis un excellent ouvrage sur Henri IV. Il a su s'émanciper des tutelles, de la domination de la droite sur le centre, est allé au congrès de février 2002 défier les chiraquiens en pleine présidentielle pour leur dire « si nous pensons tous la même chose, c'est que nous ne pensons plus rien ». Il a été sifflé, mais il a eu le courage d'y aller. En 2007, certains lui reprocheront de ne pas avoir soutenu Nicolas Sarkozy entre les deux tours. En 2012, il a appelé à voter François Hollande. On peut être désarçonné par un tel choix. D'ailleurs, si François Bayrou a été très combattu par la droite, il faut lui reconnaître une rare indépendance d'esprit pour défendre ses convictions, sa vision européenne et sa volonté d'équilibrer les pouvoirs. Il a toujours voulu allier efficacité économique et cohésion sociale. Pour le plaisir de la formule, ce que j'ai surtout apprécié chez François Bayrou, c'est Marielle de Sarnez, car le Modem et le centrisme à la française, c'est d'abord l'histoire d'un binôme inséparable, un des rares de la Ve République qui ait fonctionné jusqu'au bout, jusqu'au décès de Marielle en janvier 2021.

J'ai d'abord connu Marielle comme élue de Paris. Nous nous sommes rapprochés en 2013. Nous avons fait équipe commune en 2014 autour de Nathalie Kosciusko-Morizet, lorsque je conduisais la liste pour le XVIIIe arrondissement. Elle était candidate dans le VIe. J'avais auprès de moi une de ses proches, Fadila Mehal, en n° 2 sur ma liste. Nous avons tout de suite bien sympathisé. Et dès la première rencontre, les choses étaient fluides entre nous. Elles le sont restées pendant sept ans. Lorsque je conduisais la liste pour le département en 2015, Marielle figurait sur ma liste. Nous avons travaillé ensemble au projet pour les listes de Valérie Pécresse et singulièrement au projet pour Paris. Nous avons été élus députés en 2017. Nous avons tissé une vraie relation de confiance et échangions régulièrement. Marielle était très stratège, dotée d'une vraie culture politique et littéraire. Elle aimait aussi rire. Sa disparition, à la suite de sa maladie, a été un choc. Marielle de Sarnez manque à beaucoup, mais pour celles et ceux qui croient « aux forces de l'esprit », comme aurait dit François Mitterrand, elle reste présente. François Bayrou a toujours voulu être un allié et non un collaborateur d'Emmanuel Macron. Beaucoup de macronistes se sont trompés en considérant que le ralliement de Bayrou valait *quitus*. Mais un allié, c'est exigeant…

Sébastien Lecornu, son successeur, revendique une autre manière d'être aux côtés du président. En se décrivant comme un « moine-soldat », il assume une forme d'engagement qui ressemble à une vocation. Elu local bien implanté dans l'Eure, à Vernon, ce qui lui a permis d'être utile au président en 2018 et 2019 lors des Gilets jaunes. Il fut le concepteur du grand débat avec les élus et les Français dans les territoires. Comme ministre des Armées à partir de 2022, il a été confronté à une période de bascule avec l'agression de Vladimir Poutine en Ukraine et au retour de la guerre sur le sol européen. Il a compris la nécessité de réarmer le pays et le continent. Il devient le Premier ministre naturel d'Emmanuel Macron au moment de l'acmé de la crise parlementaire, à la rentrée de septembre 2025, fort de cette expérience de huit années au gouvernement et d'une confiance aboutie avec l'Elysée. Sa mission est âpre, tant les groupes politiques multiplient les vérités successives, les positionnements contradictoires, tant la parole des groupes n'a de validité que d'un jour. Espérons qu'il trouve le chemin pour éviter que le pays ne s'abîme plus.

Chapitre XIII

Ces vies qui racontent Paris

Je tiens des carnets. J'y consigne des rencontres, des scènes arrachées à mon quotidien de Parisien. Des visages, des voix, des espoirs, des colères aussi. Quand je les relis, c'est mon Paris qui me parle.

Ces histoires ont façonné mes convictions. Elles dessinent ce que je défends aujourd'hui, et ce que je défendrai demain si les Parisiennes et les Parisiens me font confiance.

Être un élu de terrain, c'est prendre le temps d'écouter, d'apprendre, de se laisser bousculer. C'est se rappeler, à chaque instant, que derrière chaque chiffre, chaque budget, chaque vote, il y a des vies. Des vies que nous croisons chaque jour et qui racontent Paris bien mieux que n'importe quel discours ou programme.

Il y a par exemple l'histoire de Soria, rencontré un matin d'hiver 2023, porte de Montmartre. Dans mon carnet : « Soria, logement insalubre ! » Elle m'attend devant son immeuble, géré par un bailleur social de la Ville. Son sourire m'accueille, mais son regard trahit une fatigue profonde. « Entrez, me dit-elle, vous allez comprendre. »

À l'intérieur, les murs racontent une longue déchéance. Lézardes, humidité incrustée, radiateurs d'un autre âge. « Au départ, ce n'était pas aussi dramatique, mais depuis 2020, la situation se dégrade de façon exponentielle. » Elle me guide dans son parcours de combattante du quotidien. La fuite qui a commencé au sous-sol, puis la remontée d'humidité par capillarité. Les sols ont gonflé, tout a gondolé. Dans le salon, l'humidité s'installe. Dans la cuisine, une bassine jaune recueille l'eau qui s'échappe de la chaudière depuis des mois : « Je passe mon temps à éponger. » Pour limiter la propagation, elle doit laisser les fenêtres ouvertes en permanence, même en plein hiver. La salle de bains est inutilisable. La famille va régulièrement aux douches municipales.

Soria sort une lettre de 2017. Le bailleur social y reconnaît que le logement n'est pas adapté et que sa famille doit être relogée. Huit ans plus tard, aucune proposition n'est arrivée. Soria n'est pas résignée. Elle veut s'en sortir, aider sa famille, se battre. Ensemble, nous avons lancé une pétition. Peu de signatures, mais pour la première fois, des voisins qui ne se plaignent jamais ont osé parler.

L'histoire de Soria illustre parfaitement mon combat pour la rénovation des logements sociaux avec mon plan de réhabilitation énergétique. Au rythme actuel des rénovations, il faudrait attendre 2060 pour que les 270 000 logements sociaux de Paris soient traités. Trente-cinq ans ! Pendant ce temps, des familles vivent dans des passoires énergétiques, glaciales l'hiver, étouffantes l'été, parfois infestées de nuisibles.

Le problème du logement ne s'arrête pas à cela. Quelques pages plus loin, je retombe sur une autre note : « Logement pour les travailleurs essentiels. » Ces femmes et ces hommes qui font vivre notre capitale, mais qui n'y vivent plus. J'y raconte ma rencontre avec Ludovic, éboueur de la Ville de Paris. Agent de propreté depuis huit ans, il se lève chaque matin à 4 h 30 à Étampes. Train, puis métro. Trois heures de trajets quotidiens, aller-retour. Pourtant, avec son sourire et son énergie, il incarne cette fierté de tenir Paris propre. Il parle avec passion de son métier, de la nécessité de respecter l'espace public, de la planète qu'on laisse à nos enfants. N'ayant pas les moyens de faire face aux loyers exorbitants du parc privé, il a déposé un dossier de logement social. Il n'a jamais eu de réponse. Huit ans d'attente, à continuer les trajets, à payer de sa fatigue ce que Paris ne peut pas lui offrir : la possibilité de vivre dans la ville qu'il sert chaque jour. Comment accepter que ceux qui nettoient nos rues, qui soignent nos malades, qui enseignent à nos enfants, soient condamnés à vivre loin de la capitale ?

L'idée est entourée au feutre rouge : je réserverai une place prépondérante des logements sociaux à ces familles qui travaillent ici, à ces femmes et à ces hommes sans qui Paris ne tiendrait pas debout. Ce n'est pas seulement une mesure sociale. C'est une question de justice, de mérite et d'utilité publique.

J'ouvre un autre carnet. La première page indique « sécurité dans l'espace public ». À l'intérieur, l'histoire de Sophie, une habitante du XIIe arrondissement. Ce matin-là, elle roulait prudemment, casque sur la tête, panier fixé à l'avant. La piste cyclable s'interrompt soudainement, absorbée par le flux des voitures. Un camion tourne sans clignotant. Le choc est brutal. Elle tombe à terre, son épaule frappe le bitume en premier. Je la rencontre quelques semaines plus tard, son bras en écharpe. Elle raconte d'une voix calme, mais avec cette retenue qui masque mal l'angoisse : « Je n'ai rien vu venir. »

Son quotidien a changé. Elle ne prend plus son vélo. Deux ans plus tard, je repense à cet échange en rédigeant un hommage au Conseil de Paris pour Paul Varry. Paul avait 27 ans. L'âge des projets, des engagements. C'était un jeune Parisien qui croyait qu'une ville ne se transforme que si ses habitants s'en mêlent. Membre de Paris en selle, il agissait. Puis, le 15 octobre 2024, la violence routière l'a frappé. Brutalement. Injustement. Paul est tombé, et lui ne s'est pas relevé. Anne Hidalgo a donné son nom à une piste cyclable. Ce fut un bel hommage, mais surtout une interpellation. En tant qu'élu, cette plaque nous questionne désormais : qu'avons-nous vraiment changé depuis ? Nos décisions protègent-elles ceux qui font le choix du vélo ? Je ne peux m'empêcher de lier l'histoire de Sophie à celle de Paul. En tant qu'élus de Paris, notre responsabilité est immense. Nous le savons, sécuriser toutes les liaisons cyclables, corriger les zones dangereuses, sanctionner les infractions, protéger réellement les plus vulnérables n'est plus une option mais un devoir vital.

Les « vulnérables », ce sont aussi les piétons, tous ceux qui arpentent Paris à pied. À mesure que je feuillette mes carnets, je tombe sur l'histoire de Colette. Un jour d'automne 2022, elle sortait de chez son boulanger, un cabas dans chaque main. Le trottoir était encombré par une palissade de chantier. Pour la contourner, elle s'est décalée. Son pied s'est pris dans un trou mal rebouché. Elle est tombée de tout son poids. « J'ai senti le craquement tout de suite », m'a-t-elle confié. Genou fracturé, pompiers, hôpital. Des semaines de soins, une rééducation longue et douloureuse. Quand je la rencontre, elle marche encore avec une canne. « J'ai toujours aimé me promener à Paris. Maintenant, j'ai peur. » Puis la discussion s'enchaîne, « on m'a dit que je pouvais demander une indemnisation, mais je n'ai rien compris aux démarches », soupire-t-elle.

Je l'ai aidée à remplir son dossier. Quelques mois plus tard, elle a reçu une indemnisation, comme tant d'autres habitants victimes d'un trottoir mal entretenu.

Au Conseil de Paris, je vote régulièrement ces indemnisations. Des millions d'euros chaque année. Des sommes qui seraient tellement mieux investies dans l'entretien préventif de la voirie. Car marcher à Paris est parfois un combat. Rarement un sujet aura autant révélé le fossé entre discours et réalité. « Accessibilité », « inclusivité », « transition écologique » : ces mots sont partout. Pourtant, jamais le mode de déplacement le plus universel et écologique, la marche, n'a été autant négligé.

Avancer à pied, avec une canne, un fauteuil ou une poussette relève du parcours du combattant. Une absurdité, quand deux déplacements sur trois se font à pied dans notre capitale. Coincé entre tous les autres modes de transport, le piéton doit faire attention à tout le monde, pendant que personne ne fait attention à lui. Colette, comme tant d'autres Parisiens et Parisiennes dont les histoires sont consignées çà et là, a achevé de me convaincre : si je suis maire, j'instaurerai des pénalités financières aux opérateurs du BTP pour chaque jour de retard injustifié. Et surtout, je redonnerai à la Ville le pilotage direct des travaux. Une autorité unique pour planifier, coordonner et contrôler tous les chantiers. Fini l'anarchie des travaux à Paris.

Dans mes carnets, il y a aussi des visages dont je me souviens particulièrement. C'est le cas de celui de Marie, croisée lors d'une maraude hivernale. Son visage portait le poids des années, mais surtout celui des épreuves. Ses traits étaient tirés par le froid, creusés par des nuits sans sommeil. De profondes rides sillonnaient son front. Ses yeux, d'un bleu très clair, semblaient s'être voilés. Ses cheveux, autrefois probablement châtains, tiraient vers le gris. Quelques mèches s'échappaient de son bonnet élimé et collaient à ses tempes. Sa voix était rauque, mais posée, presque retenue, avec ce timbre bas qui résonne plus comme de la résignation que comme de la colère. Elle parlait lentement, cherchant ses mots, pesant chaque phrase comme si elle avait peur de trop en dire.

Je l'ai rencontrée dans le Xe arrondissement, à l'hiver 2022. Ce soir-là, elle dormait dehors, emmitouflée dans une couverture. « J'ai honte, mais je n'ai pas le choix. » La note s'arrête et juste en dessous nous voilà un an plus tard, hiver 2023 : « Enfants, – 2 degrés. » Sous le Bazar de l'Hôtel de Ville, des familles s'entassaient dans des tentes. Des mamans tentaient d'abriter leurs enfants du froid, leurs visages rougis, leurs yeux perdus. Des notes, aussi courtes, rassemblant parfois quelques mots, se succèdent sur plusieurs pages.

Elle me rappelle l'exclusion brutale dont nous sommes tous témoins, chaque jour. Chaque Parisien attentif ne peut pas ne pas être marqué depuis longtemps par cette pauvreté de plus en plus forte et tangible. J'ai travaillé avec des femmes et des hommes qui ont consacré leur vie à ce combat. Je pense à Stéphanie Rivoal, ancienne présidente d'Action contre la faim. De nos échanges sont nées des idées concrètes : la création d'hôtels sociaux au niveau métropolitain ou celle d'un Airbnb de la solidarité, une intermédiation locative que Paris devrait lancer pour loger ceux qui dorment dehors. Quand des logements sont vides et que des enfants dorment dehors, l'action est une urgence morale. La Ville de Paris doit jouer son rôle de chef d'orchestre : coordonner, simplifier, financer, ordonner les priorités.

Les différentes formes d'exclusion peuplent les témoignages dans mes carnets. J'arrête mon regard sur l'histoire de Mohammed, un habitant du XVIIIe. Il vit dans un logement social depuis vingt ans. Il y a quelques années, il a perdu l'usage de ses jambes. Le jour où je le rencontre, il m'attend dans le hall, face à une lourde porte métallique. « Voilà mon quotidien », dit-il en haussant les épaules, un sourire au coin des lèvres.

Chaque sortie est une bataille. Il cale la roue de son fauteuil, tend le bras, tire de toutes ses forces, mais le battant revient toujours trop vite. L'ascenseur est souvent en panne. Alors il improvise. Parfois, ce sont des amis qui le portent dans l'escalier. À d'autres occasions, il descend assis à la force des bras, marche par marche. Il m'avoue qu'il lui arrive de devoir payer une chambre d'hôtel parce qu'il n'a trouvé personne pour l'aider à remonter : « Imaginez, être prisonnier dehors parce qu'on a voulu prendre l'air. » Après des mois de démarches, nous avons obtenu des avancées : portes automatiques, ascenseur réparé, vérifications mensuelles. Ce qui était présenté comme un détail administratif a transformé son quotidien. L'adaptation des logements au handicap doit être une priorité. Non seulement parce que le vieillissement général de la population rendra ces aménagements encore plus indispensables, mais parce que la dignité et l'autonomie ne sont pas des privilèges. Elles sont un droit.

Il m'arrive de croiser Mohammed dans la rue. Cet homme d'une force tranquille consacre sa vie à une association qui promeut le handisport. Des dizaines d'enfants découvrent grâce à lui le basket-fauteuil. Il leur transmet la liberté de bouger. C'est aussi ça, Paris. Ces engagements discrets qui donnent à notre ville son âme.

L'exclusion prend parfois des visages inattendus, comme celui de ce père de famille qui m'interpelle un soir, non loin de la porte d'Orléans. Il me reconnaît et m'explique que son fils de huit ans souhaite apprendre le violon après avoir vu le film d'animation *Ernest et Célestine*. Après une demande d'inscription au conservatoire, tout s'est joué à un tirage au sort. Le numéro de son fils n'est pas sorti. « J'ai dû dire à mon fils qu'on n'avait pas eu de chance. » Il a fini par l'inscrire à des stages d'été, moins onéreux que des cours particuliers.

Je partage son indignation. L'accès à la pratique artistique ne peut pas être une loterie. Il doit être une chance offerte à chaque enfant parisien. Des dizaines d'enfants et de parents se heurtent chaque année au même système. Les conservatoires sont pleins, et le tirage au sort décide à leur place. Cette saturation prouve qu'il existe à Paris un immense désir de pratiquer un art. Il revient à la Ville de s'adapter à cet appétit culturel. Construire de nouveaux conservatoires, ouvrir davantage les établissements existants, mettre plus facilement les salles à disposition des associations le soir ou le dimanche. Je lui tends ma carte pour qu'il puisse me solliciter par mail comme le font tant de parents parisiens.

C'est le cas de ces trois mères du XVIIIe arrondissement que j'ai rencontrées à l'hiver 2018. Un carnet rouge estampillé « Assemblée nationale » me replonge dans nos échanges. Elles m'avaient donné rendez-vous près de la mairie du XVIIIe. Leur collectif s'appelait « Les enfants du XVIIIe mangent ça ». L'une d'elles ouvre la réunion d'une voix claire : « Nous ne demandons rien d'extraordinaire. Juste que nos enfants mangent des repas de qualité et qu'on arrête de leur servir des plats qui ont voyagé dans des barquettes en plastique chauffées à répétition. » Une autre enchaîne : « On veut du bon, du frais, du simple. » La troisième sort un dossier et me montre des photos : plats peu appétissants, contenants abîmés, menus déséquilibrés. « Regardez : ça, c'est ce que nos enfants mangent. » Au départ, leur mobilisation a été mal vue par la mairie d'arrondissement. On leur a reproché de faire de la politique. Il leur a fallu des mois pour être enfin entendues. Anne, Marie et Samia n'ont pas lâché et ont obtenu des évolutions concrètes même si les progrès qui restent à réaliser sont encore immenses.

Ces carnets débordent d'initiatives, d'idées et de propositions. Non pas des fulgurances solitaires griffonnées dans un coin, mais des éclats de vie, répétés de rencontre en rencontre, affinés par la pertinence des critiques et par le bon sens citoyen. Ces pages me disent la force de celles et de ceux qui se battent, qui inventent, qui ne lâchent rien. Elles me montrent ce que Paris peut produire de positif quand ses habitants s'en mêlent. Paris est une ville frondeuse, qui n'accepte pas qu'on lui dicte ses choix, et dont les habitants revendiquent le droit de participer à écrire l'avenir de leur ville. À Paris, les énergies créatrices sont nombreuses. Elles ont forgé mes convictions. Elles m'ont appris qu'en politique, on ne part pas d'une idée pour aller vers les gens. On part des gens pour construire une idée.

L'idée d'une ville qui loge dignement, qui reconnaît ceux qui la font vivre. Une ville où l'on circule sans crainte. Une ville qui se végétalise. Une ville qui n'abandonne personne. Une ville qui s'ouvre à tous les talents. Une ville qui laisse ses habitants inventer leur quotidien. Une ville dont le maire est un habitant parmi les siens. Pour changer profondément ce qui dysfonctionne, je partirai de la réalité. Écouter, mobiliser, agir. Cette méthode sera la mienne. Parce qu'on ne remettra pas Paris en ordre de marche depuis un bureau.

Chapitre XIV

La beauté de Paris est un combat !

La vie parisienne m'a fait rencontrer de nombreux artistes, des créateurs, des femmes et des hommes qui ont dédié leur vie à la culture et à la protection du patrimoine. Des peintres de Montmartre aux conservateurs du Louvre, des musiciens de rue aux directeurs de théâtre, des comédiens aux galeristes passionnés, tous ont participé à transformer mon regard sur notre capitale. Quelle que soit leur spécialité ou leur renommée, ils m'ont appris à appréhender Paris autrement, à poser des mots sur ce qui n'était alors qu'un sentiment.

Les artistes possèdent cette sensibilité singulière qui leur permet de sentir l'âme des lieux et des êtres. Ils perçoivent ce que nous ne voyons pas, traduisent ce que nous ne savons pas dire, restituent l'énergie invisible qui en émane. Paris a toujours été pour eux à la fois refuge et laboratoire de création. Ils y puisent leur inspiration et nous en révèlent, en retour, les secrets. C'est pourquoi j'aime échanger avec eux. Un jour, au détour de l'une de nos conversations, Fabrice Luchini m'a rappelé cette phrase de Roland Barthes : « Une ville n'est belle que quand elle est habitable, elle ne m'intéresse plus quand elle est visitable. » Ces mots résument parfaitement ce que Paris est en train de connaître : la lente transformation d'une capitale vivante en simple décor de carte postale. Je dois aux artistes, en partie, cette prise de conscience et, en tant qu'habitant et élu, le devoir d'agir.

Car nous, Parisiennes et Parisiens, sommes bien plus que de simples résidents mais les héritiers d'une histoire, d'un patrimoine, d'une architecture, d'œuvres et de musées exceptionnels. Nous sommes toutes et tous détenteurs d'un privilège. Celui de pouvoir, chaque jour, redécouvrir la majesté de la cour du Louvre, nous promener le long des avenues édifiées par le baron Haussmann, nous aérer en bord de Seine ou au canal de l'Ourcq, nous perdre dans les rues pavées de Montmartre, nous presser devant l'impressionnisme à Orsay ou devant l'art contemporain à Beaubourg, nous assoupir sur le gazon des Buttes-Chaumont… C'est lorsque je marche dans les rues de Paris que je mesure combien cette ville est un musée à ciel ouvert. Aux côtés des grands bâtiments remarquables se niche aussi un petit patrimoine : des statues, des fontaines, des portails, des kiosques, des mobiliers, des mosaïques… La singularité de Paris, c'est cette harmonie, cette identité si particulière façonnée par le temps et par l'histoire. Tous les éléments patrimoniaux qui composent notre ville sont constitutifs de son âme. C'est aussi le cas des librairies, cinémas, théâtres, fleuristes, fromagers, bouchers, tous ces lieux qui participent à la vie des quartiers.

Plus récemment, l'installation de Shein au BHV n'aurait jamais dû se produire. Si le ministère de la Culture et la mairie de Paris avaient été proactifs, ils auraient pu établir un rapport de forces. Shein est l'exact anti-modèle, le choix de facilité d'une organisation commerciale qui abîme notre planète, exploite des enfants à l'autre bout du monde, détériore nos savoir-faire, détruit nos emplois et notre modèle social. Au contraire, Paris doit défendre son commerce de proximité, ses artisans d'art, ses créateurs et ses innovateurs.

Malheureusement, depuis quelques années, la standardisation de notre capitale s'accélère. Un à un, ces commerces de proximité et de qualité sont remplacés par des magasins aussi éphémères qu'inutiles. L'augmentation astronomique du prix des loyers met en difficulté les derniers indépendants qui résistent et découragent toute nouvelle installation. En se promenant dans les rues de Paris, il est facile de se rendre compte de la multiplication des boutiques de souvenirs, des grandes enseignes luxueuses, des magasins de mode jetable ou de restauration rapide qui ne répondent plus aux besoins des habitants.

L'avenue des Champs-Élysées, autant photographiée par les touristes que délaissée des Parisiens, en est devenue l'un des plus emblématiques exemples. Elle fut pourtant un point de rendez-vous incontournable. Sa diversité commerciale et culturelle en faisait un lieu de brassage social et générationnel. En vingt ans, la plus célèbre avenue du monde aura perdu son offre de cinéma, de music-hall, de commerces à vocation culturelle, tout ce qui faisait son rayonnement, son identité et son charme.

Le dernier coup asséné à une époque désormais révolue est la fermeture de la Fnac des Champs-Élysées, quelques mois après celle de la mythique salle de cinéma UGC Normandie. Sur l'avenue du septième art, qui comptait 65 salles en 1974, il ne reste plus qu'un seul cinéma. Tout cela dans l'indifférence de la maire de Paris et dans le silence de la ministre de la Culture. Ce n'est malheureusement pas un phénomène isolé. Les défenseurs des librairies du Quartier latin, comme la maire du Vᵉ arrondissement Florence Berthout, l'avaient peut-être compris avant tout le monde. Il touche l'ensemble de notre capitale, ses commerces, ses loisirs, ses lieux de culture et même son espace public.

Paris devient une capitale qui se consomme, mais qui ne se vit plus. C'est l'intérêt du touriste qui prime. Or, cette seule donnée ne peut constituer l'alpha et l'oméga du développement économique et de la transformation de Paris. Et comme si la force du mouvement n'était pas suffisamment puissante, certains élus de la capitale l'encouragent.

Mme Hidalgo et Mme Dati votent ensemble la construction de la tour Triangle, exemple par excellence d'un modèle urbanistique standardisé et dépassé. Elles s'accordent aussi, l'été 2024, sur l'expulsion d'un club de pétanque historique de Montmartre pour le remplacer par l'extension d'un hôtel de luxe. Adieu la butte conviviale, populaire et ouverte. Quelques mois après les Jeux olympiques et paralympiques, un club sportif historique a été sacrifié sur l'autel de l'uniformisation « chic » de notre capitale.

Dans le XIe arrondissement, la Ville de Paris veut remplacer quatre squares typiquement parisiens, construits il y a trente ans à peine, par un projet de « ramblas » des boulevards Richard-Lenoir et Jules-Ferry. On acte ainsi une volonté de transformation de ces espaces en zones marchandes touristiques alors que, dans le même temps, la municipalité barcelonaise tente de diminuer l'impact du surtourisme sur sa célèbre promenade. Ce type d'aménagement urbain évincera les activités artisanales et marchandes traditionnelles au profit d'un tourisme de masse, comme le montrent les précédents du Marais, du quartier Montorgueil ou des Halles.

Nous pouvons agir pour inverser cette tendance de fond, faire de Paris une ville pour les Parisiens et réorienter notre stratégie touristique pour ne pas céder à l'uniformisation et à la « disneylandisation ».

Il existe des leviers que la puissance publique peut actionner au service d'une nouvelle stratégie. La déshérence commerciale ou la mono-activité ne sont pas des fatalités. La multiplication des zones de protection du commerce et de l'artisanat dans le plan local d'urbanisme en est un. Ce document structurant de transformation de la ville peut, quand il est suffisamment ambitieux, garantir la préservation du patrimoine et des équilibres dans les quartiers notamment entre logements, commerces, équipements sportifs et culturels ainsi que services publics.

Le dimanche 19 octobre 2025, à 9 h 30, dans la galerie d'Apollon, les joyaux de la Couronne sont pillés. La France est sidérée. Le monde entier est consterné. Comment ce « casse du siècle » a-t-il pu se produire dans la capitale de la France, dans le plus grand musée de notre pays, en plein centre de Paris ? Quels ont été les failles et les manquements à tous les niveaux ? L'enquête permettra de le dire, mais comme de nombreux Français et Parisiens, mais aussi citoyens du monde, j'ai ressenti une forme d'humiliation. En tout cas, personne n'a tiré de leçons et chacun est resté bien au chaud à sa place comme si rien ne s'était passé.

Pour réinstaurer un équilibre dans la ville, la municipalité doit aussi se doter d'une stratégie pluriannuelle de rachat de fonds de commerce et baux commerciaux afin de réinstaller des commerces de proximité et de qualité avec des loyers adaptés. La mise en place d'une nouvelle politique en matière de préemption permettrait de sauvegarder des lieux à haute valeur symbolique et patrimoniale ainsi que des commerces. Une telle révolution nécessite évidemment de la volonté politique et des moyens beaucoup plus importants que ceux que permettent aujourd'hui les finances de la ville. Sans la réalisation de réformes structurelles et des mesures d'économies sur le train de vie de l'Hôtel de Ville, rien de tout cela ne sera effectif.

Mais ce combat pour la beauté de Paris est décisif. Nous devons chérir, entretenir, transmettre et préserver cette âme urbaine si singulière. C'est, je le crois, pour cette raison que les Parisiennes et les Parisiens aiment tant leur ville, que partout dans le monde on rêve de Paris et que la capitale de la France continue d'inspirer les passions et les imaginaires. C'est notre chance autant que notre devoir.

Lutter contre la standardisation de Paris, c'est conserver son caractère unique. C'est proposer une vision alternative à celle d'une capitale visitable. Un décor que l'on traverse, photographie, puis oublie. C'est faire de Paris une ville où l'on vit. Une capitale habitable et désirable, avec un supplément d'âme. À l'heure où 12 000 habitants fuient chaque année notre capitale, ce sera une priorité municipale.

Paris est notre bien commun. Il faut en prendre soin. Nous en sommes, chacune et chacun de nous, responsables.

Chapitre XV

Paris et sa cathédrale : l'art et le charbon

Le 15 avril 2019, j'étais à mon bureau de l'Hôtel de Ville lorsque j'ai vu la cathédrale se transformer en brasier depuis ma fenêtre donnant sur le parvis et sur Notre-Dame. La sidération et le choc. Parce que Notre-Dame, c'est notre trésor, le kilomètre zéro de notre roman national, le point de départ des longs voyages accomplis avec l'espoir de revoir la cathédrale au retour. Elle se dresse devant nous tous, que nous soyons catholiques ou non. Elle est présente pour les citoyens du monde entier venus visiter Paris. Nous vivions un moment tragique de l'histoire.

Je décidai d'accompagner, comme élu de Paris, comme député, le projet de la reconstruction, sous l'autorité du général disparu Jean-Louis Georgelin, auquel je veux rendre hommage. Il avait fixé une feuille de route très claire en termes de stratégie et de calendrier. Je salue son professionnalisme et sa capacité à tenir ses engagements. Le général a mené les hommes et les femmes au combat et il a insufflé à tous les échelons de l'appareil le sentiment d'urgence et la nécessité de mener cette aventure en mode « commando ». Les yeux rivés sur le calendrier, le général n'a pas hésité à mener l'assaut contre l'administration, souvent bousculée dans ses prudences et dans ses lenteurs. Il l'a fait avec l'entière bénédiction du président de la République qui écoutait d'une oreille distraite les plaintes émanant de la technostructure. Le général mérite que son nom s'inscrive dans l'histoire de Paris.

Cette reconstruction a pu se réaliser grâce à la mobilisation de la nation qui a déployé un savoir-faire admirable avec l'État, les collectivités, les entreprises privées, le mécénat, qui a largement contribué au financement du projet. Tous les métiers ont donné le meilleur d'eux-mêmes, les compagnons, les artistes, tous les artisans. Tous ces talents ont contribué à la reconstruction de Notre-Dame, qui est une merveille de Paris et du monde.

La question fut ensuite posée de savoir si on devait payer pour visiter Notre-Dame. Ce fut la proposition de la ministre de la Culture, à laquelle j'ai sérieusement réfléchi. Elle avait défendu un certain nombre d'arguments, notamment l'idée que cela permettrait de financer d'autres rénovations d'églises, ce qui est tout à fait recevable. Toutefois je reste attaché à la gratuité parce qu'il faut du patrimoine visitable pour chacun, accessible pour tous. Je suis sensible aussi au principe de laïcité qui doit permettre cette gratuité d'accès de Notre-Dame. Je rejoins en cela l'Église catholique, de nombreux experts, chercheurs et universitaires, mais aussi des personnalités politiques comme François Bayrou.

Je me range également à l'avis de nombreux citoyens qui veulent avoir accès à ce patrimoine gratuit. C'est notre tradition française pour les églises. En regardant les premières images de la cathédrale ressuscitée le vendredi 29 novembre 2024, un événement transformé en représentation présidentielle, je restai songeur. Emmanuel Macron savait qu'il se donnait un rôle de président thaumaturge, alors qu'il était affaibli comme jamais sur la scène intérieure comme sur le plan international. Après avoir réussi à organiser les Jeux olympiques et paralympiques de Paris 2024, voilà qu'il gagnait son pari de restaurer la cathédrale, un défi lancé cinq ans plus tôt au système administratif.

Auto-investi chef de chantier, Emmanuel Macron a montré une constance, une détermination à l'égard des conservatismes et des corporatismes que l'on aurait aimé constater sur d'autres domaines. La restauration des lieux n'aurait pas été possible sans l'implication du chef de l'État : « Nous rebâtirons la cathédrale Notre-Dame d'ici cinq années », avait dit le président. À l'époque, l'annonce avait semblé irréaliste. Pour arriver à ses fins, le président avait nommé le général Georgelin, tragiquement disparu en 2023 dans un accident de randonnée.

Ce jour de novembre, cinq ans plus tard, la septième visite d'Emmanuel Macron à la cathédrale n'était pas que celle d'un inspecteur des travaux finis. Je voyais la préoccupation du président de la République, contesté, incompris des Français après la dissolution de juin 2024, inquiet de l'héritage qu'il laisserait à la France. Sans doute est-ce pour cela qu'il a tenu à s'y rendre une dernière fois, anticipant d'une semaine la réouverture fastueuse du 7 décembre et les premières célébrations religieuses. Ce moment est surréaliste. Alors que je regarde à la télévision la « déambulation présidentielle » – un terme officiel qui en dit long sur l'état d'esprit du président installé dans sa bulle de temps suspendu –, je vois sur les écrans crépiter une autre actualité, frappant de plein fouet le Premier ministre Michel Barnier courbant l'échine et vivant sous la menace d'une censure de la gauche et du RN. J'ai le sentiment étrange de voir deux France se côtoyer : celle, onirique, d'Emmanuel Macron, réfugié dans son rôle de président en retrait, et celle d'un Michel Barnier envoyé à la mine du matin au soir.

Dans son éloge aux ouvriers et artisans, Emmanuel Macron a dit avec l'emphase qu'il affectionne dans ces occasions : « Vous avez réussi à transformer le charbon en art. » En réalité, la décennie qui s'achève sous la présidence Macron s'apparente à la transformation d'un art politique fondé sur le volontarisme en un charbon du désenchantement. Un autre propos d'Emmanuel Macron à Notre-Dame m'a marqué : « Nous avons renoué avec ce qui fait les grandes nations : réaliser l'impossible. » Phrase étrange qui résonne sous la nouvelle nef. On songe aux impossibilités qui freinent et empêchent notre nation de se montrer à la hauteur de son histoire : difficulté à faire voter un budget, à réduire les inégalités, à apaiser les passions tristes de la désunion, celles-là mêmes que le président Macron se faisait fort de juguler au début de sa présidence. Le paradoxe est le succès de la reconstruction de Notre-Dame, grâce à la mobilisation d'un exceptionnel savoir-faire artisan, aux dépens des circuits classiques de l'administration. La victime collatérale a été le ministère de la Culture, soupçonné d'être une machine à ralentir plutôt qu'à accélérer les processus.

À maintes reprises, le truculent général s'était vanté de bousculer les codes et les prudences d'une technocratie qu'il pourfendait avec gourmandise et la bénédiction du chef de l'État. Emmanuel Macron a invité les deux hommes forts des États-Unis, Trump et Musk, le disrupteur en chef et l'homme le plus riche de la planète, iconoclaste assumé. Deux « *deal makers* » qui ne s'embarrassent pas en concertations et en recours. Une gouvernance en circuit court, verticale, qui plaît à Emmanuel Macron, appliquée au chantier de Notre-Dame. Un projet consensuel, géré en ligne quasi directe avec le chef de l'État, sans corps intermédiaires.

Chapitre XVI

Les Jeux de Paris

Les Jeux olympiques et paralympiques furent un succès, un heureux événement et une parenthèse enchantée dans un monde anxiogène où tout semble pouvoir basculer. La cérémonie pensée et portée par Thomas Jolly a montré au monde la magnificence de notre capitale. Sa créativité et sa liberté de ton nous ont offert un moment de beauté salutaire. Oui, Paris est la plus belle ville du monde et il était essentiel de confier aux meilleurs le soin de nous faire rêver. Qui pourra oublier ces images ? Et son acmé, l'interprétation de l'*Hymne à l'amour* par Céline Dion ? J'étais présent, sous la pluie, à l'Hôtel de Ville. Un moment unique. Une joie communicative. Des instants inoubliables avec un public souriant et porté par la mise en scène.

Je repense en rentrant chez moi à Bernard Lapasset, parti trop tôt, qui a porté la candidature de Paris après avoir rédigé le rapport d'opportunité. Il avait une force de conviction, une expérience et un professionnalisme appréciables. Tony Estanguet a été l'organisateur, le chef d'orchestre talentueux et charismatique de Paris 2024. Toujours aimable, il a su rassembler les sportifs, les politiques, les partenaires et les citoyens.

Après l'élection de Valérie Pécresse à la tête de la région Île-de-France en décembre 2015, je deviens délégué spécial en charge de Paris 2024. Motivé par cette responsabilité, je perçois alors l'importance de ce défi pour Paris et la région. Il nous faut convaincre le CIO. Je me mets immédiatement au travail. Je lis des notes, des livres. Je reçois des experts en Jeux olympiques et paralympiques, en urbanisme, en finances… Je tisse une relation de confiance avec Tony et Bernard mais également avec Patrick Kanner et Thierry Braillard, respectivement ministre et secrétaire d'État chargés des Sports, avec l'équipe du Comité national olympique et sportif français (Denis Masséglia) et du monde paralympique (Emmanuelle Assmann).

J'apprends à travailler avec la maire de Paris dans l'intérêt de la candidature, j'arrondis les angles, je rétablis le dialogue avec des interlocuteurs fâchés, j'organise réunions et événements, en associant les scolaires et les associations. J'arbitre les financements de la région. Je vais à Rio aux Jeux de 2016 et à Tokyo afin de regarder la préparation de la capitale nippone pour les Jeux de 2020. Ces jeux doivent accélérer le décloisonnement de quartiers, permettre l'accès à la pratique sportive et favoriser l'émancipation individuelle et la cohésion sociale.

Tony Estanguet restera une belle rencontre. Un homme bienveillant qui aura su séduire et convaincre le monde entier. Nous lui devons avec ses équipes l'essentiel de la réussite des Jeux. Organiser des épreuves dans la Seine ou devant les plus beaux monuments les a sublimées. La course cycliste à Montmartre avec l'ascension de la Butte par la rue Lepic restera peut-être la plus belle photographie des Jeux.

Depuis, comme de nombreux Français, je me suis remis au sport : course à pied et exercices toniques chaque matin. À Paris, nous avons le sport et les sportifs, de grands clubs professionnels. Je pense évidemment au Stade Français, au Paris-Saint-Germain et au Paris FC. Pour moi, le Parc, c'est le PSG et le PSG, c'est le Parc. Ce serait aberrant de voir notre club s'épanouir dans une autre ville que Paris et une catastrophe humiliante. Depuis 2015, la Ville de Paris a montré sur ce sujet une absence de vision avec des changements de pied permanents. Elle s'est contredite dans ses prises de position, Emmanuel Grégoire ne tenant pas les mêmes propos que la maire. Je propose un cap clair et une méthode nouvelle fondée sur le dialogue avec un objectif impératif : que le PSG reste au Parc des Princes. C'est ce que souhaitent les Parisiennes et les Parisiens. J'ai rencontré des supporters qui ont manifesté également ce désir. Ma seule boussole : servir le rayonnement international de Paris et favoriser la réussite du club.

Il faut remettre en discussion tous les sujets et notamment l'agrandissement du Parc, afin de donner au club les moyens de remplir ses objectifs et de se projeter dans l'avenir. L'augmentation de la capacité est une demande légitime du club. 12 000 places supplémentaires me paraissent logiques. Le coût serait réparti entre la Ville et le Club avec une réactualisation du bail emphytéotique. Je travaillerai par ailleurs sur toutes les questions de travaux, de l'accueil des spectateurs, de la mobilité et de la lutte contre les nuisances. On peut y arriver. C'est une offre « gagnant-gagnant ».

Mon ami Max Guazzini a réinventé le rugby à Paris. Avocat, producteur, ancien président-fondateur de NRJ, il a mis son talent et son énergie au service du Stade Français pour l'amener de la quatrième division à cinq titres de champion de France. Avec lui, les matchs se sont transformés en véritables moments de fête et de spectacle. Son soutien me comble et me touche d'autant plus qu'il ne partage pas tous mes engagements politiques sur le plan national. J'aime aller au stade Jean-Bouin avec lui. Je mesure chaque fois sa popularité.

Je soutiens pleinement les collectifs d'habitants mobilisés pour préserver nos stades. Je me suis engagé à leurs côtés dans mon cher XVIIIe arrondissement en 2015 afin de sauver le stade Championnet. De la même façon, j'ai combattu auprès de Pierre-Alexis Hulin et de nombreux habitants le projet de destruction du stade Ménilmontant. À chaque occasion, je suis monté au créneau au Conseil de Paris. Nous avons fait reculer la majorité municipale avec l'aide des écologistes.

La pratique sportive est une priorité pour lutter contre la sédentarité. Je souhaite que la ville soit précurseure pour nos jeunes en mettant en place dans nos écoles et collèges le principe suivant : cours le matin, sport l'après-midi. Partout où cette politique publique est mise en place, les résultats scolaires sont meilleurs et l'impact sur la santé réel. Je prône par ailleurs la réorganisation de la gestion de créneaux délivrés aux associations et clubs sportifs.

Quand je vais à leur rencontre dans tous les arrondissements de Paris, ils se plaignent légitimement du manque d'anticipation et de stratégie afin de faciliter la mise en place de leurs disciplines. Maire de Paris, j'utiliserai tous les lieux publics ou privés libres à certains horaires de la journée, à certains jours de la semaine ou à certaines semaines de l'année, afin d'ouvrir le champ des possibilités d'épanouissement pour les sportifs et leurs clubs. Je crois en la modularité des espaces, à commencer par les bâtiments municipaux dans leur diversité (écoles, mairies, salles…).

Enfant, j'ai joué au rugby (ailier) dans l'équipe de Naves-Seilhac-Lagraulière et au tennis au club de Laguenne. C'étaient des moments de détente et d'amitié exceptionnels. Je repense souvent à Vincent, Audrey ou à ma cousine Fabienne, partenaires de tennis, à Jérôme, Olivier et à tant d'autres coéquipiers de notre club de rugby.

Chapitre XVII

Paris aura son (nouveau) centre d'arts !

Paris est la ville où l'on vient conquérir sa liberté, celle de vivre sa vie. C'est la force de notre belle capitale d'accueillir et de rassembler toutes les identités et les différences. Elle incarne l'esprit de progrès, d'ouverture et de tolérance. Chacun peut y venir exprimer ce qu'il est et affirmer sa liberté d'aimer, de créer, de vivre, de s'épanouir comme il l'entend. Paris est riche de sa diversité, de son passé et de ses promesses d'avenir.

C'est le fruit de son histoire. Tant d'hommes et de femmes y ont trouvé refuge. Paris est la capitale de la révolte face à toutes les formes de discrimination qui touchent aux couleurs de la peau, au genre, à la religion ou à l'orientation sexuelle. Paris porte un message puissant : ici, on est libre d'être soi-même. Comme beaucoup de Parisiennes et de Parisiens, cette ville m'a offert cette liberté, sans masque, sans compromis. Paris m'a appris que ça n'était pas un luxe mais un droit.

Cette liberté, cette histoire, cet héritage exceptionnel ont fait et font de Paris la capitale des arts, des artistes et de la culture, et notamment de la culture LGBTQIA+. Cette culture fait partie intégrante de l'identité et de l'histoire de Paris. Dans tous les quartiers, toute l'année, des espaces accueillent des expositions temporaires mettant en lumière l'apport artistique dans les luttes menées par les communautés.

Nos cinémas projettent des films et organisent des festivals LGBTQIA+. Il existe des librairies spécialisées avec un large choix d'ouvrages. Les scènes de voguing et les spectacles de drag-queens parisiennes font partie des plus dynamiques au monde. La fédération Inter-LGBT organise annuellement le « Printemps des Assoces » à la Halle des Blancs-Manteaux, le plus grand salon LGBTQIA+ de France. Il réunit une centaine d'associations culturelles, étudiantes, sportives ou militantes qui présentent leurs activités à des milliers de visiteurs chaque année. Paris se distingue aussi par ces lieux de mémoire.

Je pense à L'Artère, œuvre à l'initiative du Sidaction, réalisée par l'artiste Fabrice Hyber et inaugurée en 2006 par le président Jacques Chirac et Line Renaud. Elle retrace et commémore des années de lutte contre la maladie du sida. Je pense aussi à la place des Combattantes-et-Combattants-du-Sida, inaugurée dans le quartier du Marais, en hommage aux 10 000 Parisiens emportés par le sida entre 1989 et 1996, à leurs proches, au personnel soignant, aux scientifiques et aux militants engagés dans cette lutte. Je pense enfin au mémorial pour les déportés homosexuels, proposé de longue date par les associations et notamment par l'association des « Oublié-e-s » de la mémoire.

Paris est une ville fière. Grâce à ces associations, ces bénévoles, ces artistes, ces lieux de vie et de mémoire, ces cinémas, ces librairies, ces festivals, ces cabarets, ces fêtes, grâce aux Parisiennes et aux Parisiens engagés, Paris continuera de l'être.

En tant qu'élu de Paris, il est de mon devoir de participer à préserver cela, à le protéger, à le valoriser et à l'encourager. C'est pourquoi, en mai 2024, j'ai souhaité concrétiser un engagement, fruit d'un long travail de réflexion, en présentant une délibération au Conseil de Paris. Elle proposait que la Ville de Paris s'engage à créer un centre d'arts valorisant la diversité des expressions artistiques et culturelles LGBTQIA+ afin de les célébrer, de les mettre en valeur, d'en être fiers, et de les faire connaître au plus grand nombre.

Je me dis que comme à Berlin, à New York ou à Londres, la création de ce centre à Paris permettrait de reconnaître de façon permanente la spécificité, la singularité et la richesse de l'apport des identités LGBTQIA+ aux expressions artistiques et culturelles.

Avec ce centre d'arts, Paris aurait un nouveau lieu vivant, un véritable pôle d'expression. Un espace qui ne serait pas uniquement composé d'une collection permanente mais aussi d'expositions inédites, de projets pédagogiques, de performances artistiques, d'échanges, de conférences-débats, d'une bibliothèque spécialisée en accès public, de créations uniques autour d'artistes hébergés en résidence. Ce lieu donnerait la possibilité aux nouveaux talents d'exprimer avec force les interrogations sociales, personnelles et esthétiques qui traversent la création contemporaine autour des identités LGBTQIA+.

Un lieu vivant, tourné vers l'avenir, qui n'oublie pas pour autant son histoire. Ce centre d'arts pourrait accueillir un lieu de Commémoration des épreuves traversées. Par des femmes et des hommes déportés par les nazis durant la Seconde Guerre mondiale parce qu'homosexuels. Par des femmes et des hommes qui furent victimes d'un droit français discriminatoire jusqu'en 1982, parce qu'homosexuels. Par des hommes et des femmes, encore aujourd'hui, face au virus du sida. Parce que ce combat n'est pas terminé. Parce qu'en 1981, le monde a été frappé par cette maladie alors inconnue qui allait devenir une épidémie dévastatrice. Parce qu'avoir le VIH, c'est affronter les préjugés, les incompréhensions, la stigmatisation, la peur, la honte, le désarroi. Dans chacune de ces épreuves, la culture a participé à alerter l'opinion publique. C'est par la musique, la littérature, la danse, la photo, la vidéo, la peinture, la mode, la poésie, qui transcendent et nous rassemblent, que des artistes se sont élevés pour célébrer la diversité sexuelle et de genre, l'inclusion, la tolérance, et défendre la liberté. La culture est un puissant vecteur d'expression. Elle est évolutive, propre à une époque, à un territoire. Elle est révélatrice des transformations sociales. Elle contribue à modifier la représentation des sexualités, participe aux luttes sociales et politiques menées pour la reconnaissance de nos droits.

Keith Haring, Lili Elbe, Camille Lenain, David Hockney, Romaine Brooks, Claude Cahun, Freddie Mercury, Amos Mac, Jeremy Novy, comme tant d'autres, ont contribué à nous inspirer, à transformer nos identités. Je pense au film de Gaël Morel, *Vivre, mourir, renaître* porté par le talent de Lou Lampros, Victor Belmondo et Théo Christine. Une œuvre puissante, intense et émouvante à voir absolument. Je repense aussi aux actions courageuses d'Act Up dans les années 1990, quand j'étais encore étudiant, qui ont bouleversé le paysage artistique pour éveiller les consciences aux ravages du sida. Je leur rends hommage.

La culture a été et est encore essentielle dans la poursuite continue de l'égalité des droits et de la représentation des identités LGBTQIA+. J'ai l'intime conviction que l'une des premières missions de la Ville de Paris est de faire entrer la culture, toutes les cultures, dans la vie de chacun. L'objectif principal de ce projet est de fédérer les Parisiennes et les Parisiens autour d'un nouveau lieu commun, de conservation, d'éducation, de partage, de création, de rencontre, de mémoire et d'expression.

Après quelques mois de réflexions et d'échanges avec des associations, des collectifs, des artistes et des historiens, je me décide donc à proposer une délibération afin que le Conseil de Paris acte cette idée. La délibération travaillée avec mes équipes a volontairement été écrite et pensée pour être la plus large et ouverte possible. Pour que l'exécutif d'aujourd'hui, comme celui de demain, ne soit pas contraint pour mener à bien ce projet.

L'esprit de cette délibération était d'abord d'inscrire ce lieu dans une démarche totalement collective et concertée. Je voulais que ce nouveau centre d'arts fasse l'objet d'une large concertation rassemblant tous les acteurs culturels, publics, privés, associatifs, collectifs et universitaires qui souhaiteraient se rassembler pour le construire ensemble. Je pense évidemment au collectif Archives LGBTQI+ réunissant des personnes et des associations dans le but de créer un Centre d'archives à Paris. Je veux rendre hommage à leur travail exemplaire. Je pense également à l'association Académie Gay & Lesbienne qui a réalisé un travail considérable ces vingt dernières années. Je sais qu'une multitude d'acteurs, et je ne peux tous les citer, souhaitent y travailler. Je pense à Pascale Goufan, Damien Testu ou Catherine Michaud.

L'autre idée importante de cette délibération est que ce nouveau centre doit exister en totale complémentarité avec les autres projets en cours de réalisation. Je pense par exemple au monument à la mémoire des personnes homosexuelles victimes de la Déportation ainsi qu'à un projet d'archives que les associations défendent et qui doivent prochainement voir le jour. Ces projets complémentaires partageront la volonté de célébrer et de faire vivre la mémoire et la diversité des expressions des minorités sexuelles mais aussi de lutter contre l'invisibilisation des luttes LGBTQIA+.

Les semaines précédant le Conseil de Paris de mai 2024, je fais une présentation à l'ensemble des groupes. J'arrive à convaincre de l'intérêt du projet que je porte. L'exécutif me propose d'appeler ce nouveau lieu « centre d'art », plutôt que « musée ». Pour garantir la réussite d'un projet, les compromis sont nécessaires, même s'ils sont parfois très symboliques.

Le 22 mai 2024, je réussis à faire définitivement adopter la création d'un Centre d'art des expressions culturelles et artistiques LGBTQIA+, à l'unanimité du Conseil de Paris.

Je tiens ici à remercier Jean-Luc Romero-Michel. C'est un élu de la majorité, je suis un élu de l'opposition, mais je peux le dire sans détour : c'est une chance de pouvoir compter, au sein du Conseil de Paris, sur un élu, un adjoint au maire, aussi engagé que lui pour les droits humains et la lutte contre toutes les formes de discriminations. Il a toujours été à l'écoute, bienveillant et en soutien à ce projet. Demain, maire de Paris, je compte bien relancer cette dynamique et poursuivre la concrétisation de ce projet. Paris aura un nouveau centre d'arts !

Chapitre XVIII

Paris 2040

Paris est une ville de paradoxes. Être maire de Paris, c'est réussir à concilier le quotidien et le destin. Répondre aux préoccupations immédiates des habitants tout en préparant la capitale aux grands défis du siècle.

Voilà tout l'enjeu. Ces deux dimensions ne s'opposent pas, diront les plus avisés. Ils auront raison. Gouverner Paris exige un art de l'équilibre : s'ancrer dans son identité singulière, comprendre ses quartiers, écouter ses habitants, tout en anticipant les tournants de son histoire et les transformations du monde.

Certes, cette exigence essentielle semble étrangère au débat municipal actuel. Ces dernières années, il a offert un condensé de ce que la vie politique contemporaine véhicule de plus consternant : démagogie gluante, festival de petites phrases stériles, discours incendiaires sur les réseaux sociaux, attaques personnelles virulentes. Constat d'autant plus regrettable qu'un tel spectacle s'inscrit entre des coups d'éclat et des affaires judiciaires. Les véritables défis de la capitale ont été relégués au second plan. Tout a été sacrifié sur l'autel d'une pratique politique toxique qui privilégie l'indignation à l'action et célèbre la recherche du *buzz* au détriment du débat de fond.

Pour conjurer ces dérives, il revient à celles et ceux qui prétendent gouverner Paris demain de porter une vision. Non pas se prêter à un exercice de science-fiction urbaine, mais construire un projet et une méthode de gouvernance réalistes et concrets. Gouverner, c'est anticiper ce que sera la ville dans dix, quinze, vingt ans, pour construire les réponses d'aujourd'hui sans compromettre la capacité de Paris à relever les défis du futur. Ce nouvel horizon, Paris devra commencer à le dessiner dès 2026, autour d'une renaissance démocratique, écologique, culturelle et métropolitaine.

Cette vision n'est pas un slogan. En 2040, je souhaite que Paris soit une capitale qui aura su se transformer et se réinventer sans se renier. Une capitale capable de conjuguer le soin et la vision, la proximité et l'ambition, retrouvant à la fois le sens du possible, celui de son histoire et la conscience du temps long.

Projetons-nous en 2040. Paris a changé. Notre capitale célèbre le beau et le vert. Parce que Paris s'est réconcilié avec sa propre identité, quand penser la vie quotidienne ne néglige jamais les impératifs de créativité, d'esthétique et de sens collectif. Là où l'on construisait sans âme, on bâtit désormais avec sens et exigence. Les logements sont réalisés en matériaux biosourcés. Un cahier des charges architectural commun a été créé pour Paris et a fait du beau une politique publique. L'architecture contemporaine ne s'oppose plus à l'héritage haussmannien et faubourien, elle en prolonge l'élégance par une modernité sobre et durable.

La végétalisation, autrefois au second rang, est devenue un art majeur de l'urbanisme. Les Maréchaux, jadis saturés de voitures, se sont transformés en boulevards verts, vastes rubans d'arbres reliant les quartiers. La Petite Ceinture, entièrement ouverte, offre aujourd'hui le plus grand parc linéaire d'Europe. Les places Bastille et République ont troqué le bitume pour des miroirs d'eau, de la végétation et des ombrages. Le périphérique, partiellement recouvert, accueille au-dessus de lui des équipements culturels et sportifs partagés avec les communes voisines. La nature a réinvesti la ville. Paris a su conjuguer esthétique, écologie et santé publique pour devenir habitable et même désirable au XXIe siècle.

De cette reconquête du beau et du vert est née une nouvelle qualité de vie. Paris est redevenu une ville où l'on marche, où l'on respire, où l'on vit. Marcher n'est plus un combat mais un plaisir. Les piétons ont retrouvé leur priorité, protégés comme les acteurs les plus vulnérables de l'espace public.

Des quartiers piétons ont été créés partout, pensés non pas comme des musées à ciel ouvert mais comme des lieux de vie, reliés entre eux par de grandes promenades urbaines. Les pistes cyclables, délimitées avec clarté, ont mis fin à la confusion des usages. Le bruit a reculé, la tranquillité s'est installée. Une police municipale de 6 000 agents agit jour et nuit au plus près des habitants : incivilités, nuisances sonores, petite délinquance. Les anciens militaires et gendarmes y ont trouvé une seconde carrière, valorisée et respectée.

L'Agence parisienne de la propreté, née d'une simplification de la bureaucratie d'hier, prend soin de notre capitale. En fusionnant les services et en intégrant les innovations de l'intelligence artificielle, elle a redonné à chaque rue la dignité qu'elle mérite. Les itinéraires de collecte sont optimisés, les véhicules sont électriques, la coordination avec le privé est bénéfique, éthique et efficace. Paris a retrouvé sa fierté.

Les transports du quotidien ont été réinventés. L'époque des correspondances interminables et des stations inaccessibles est révolue. Une nouvelle génération de bus en site propre, inspirés de Genève, sillonnent la capitale. Réguliers, rapides, confortables, ils relient les grandes gares, les portes et les quartiers, offrant une alternative inclusive et crédible au métro.

La Ville de Paris a su anticiper l'émergence des véhicules électriques autonomes. L'espace public a été adapté pour accueillir ces nouvelles mobilités : création de zones dédiées à la circulation lente, intégration de points de recharge dans le mobilier urbain, aménagement d'aires de stationnement intelligentes et installation de bornes de dépôt pour les trajets partagés. Afin d'assurer une intégration harmonieuse et sécurisée de ces véhicules dans le tissu urbain, la cohabitation avec les piétons, les cyclistes et les transports collectifs a été repensée dans ses usages et dans ses priorités.

Sur la Seine, des barges électriques transportent les marchandises ; les ports urbains de Bercy, Grenelle et La Villette ont retrouvé leur fonction logistique. Les camions ont été divisés par deux dans Paris. Paris a choisi l'écologie et la fluidité.

Dans chaque quartier, les aires multisports, les parcours de santé, les terrains partagés témoignent d'une nouvelle philosophie : celle d'une ville active, inclusive et joyeuse. Le sport s'est invité dans la rue, les parcs, la vie. Les gymnases scolaires s'ouvrent le soir et le week-end, les clubs partagent leurs créneaux avec les habitants et des tournois populaires rassemblent les arrondissements dans la convivialité.

Cette métamorphose urbaine s'est accompagnée d'une autre révolution silencieuse : celle de la gouvernance de Paris. Quinze années ont suffi pour transformer le vieux paquebot municipal en une maison transparente, ouverte, responsable. Les finances sont auditées chaque année par un organisme indépendant. Les dépenses sont publiques, les résultats mesurés. Les Parisiennes et les Parisiens savent où va leur argent, comment leurs élus agissent et comment leurs décisions comptent. Dans chaque arrondissement, un compte rendu de mandat annuel réunit habitants et élus ; à mi-mandat, un référendum citoyen permet d'évaluer les politiques menées. La démocratie locale est redevenue un lieu de confiance, pas de soupçon. Les citoyens ne sont plus spectateurs, ils sont les arbitres du destin collectif.

L'intelligence artificielle éthique et transparente a joué un rôle décisif dans cette nouvelle ère. En 2030, Paris a créé le premier adjoint virtuel au monde : un outil éthique, transparent, au service des habitants. Accessible à tout moment, il informe, oriente, écoute. Il ne remplace pas l'élu ou le fonctionnaire mais amplifie la voix du citoyen. Derrière cette innovation, un principe : la technologie n'a de valeur que si elle renforce la participation citoyenne, l'égalité d'accès aux services publics et la justice sociale.

Cette exigence de probité et de performance a redonné sens à la puissance publique. La tonalité même des débats au Conseil de Paris a évolué vers davantage de respect et de responsabilité : beaucoup relisent avec consternation la teneur de certaines séances des « années 2020 », découvrant la propension de certaines figures de l'époque à associer méconnaissance des dossiers, virulence grossière et réticence à rendre des comptes.

La débureaucratisation de l'Hôtel de Ville a permis de réinvestir dans les écoles, les parcs, la propreté, la sécurité. Dans le logement social, des baux évolutifs, des aides à l'achat et des politiques de mixité ont rouvert l'horizon d'une propriété accessible. Les plus modestes, les travailleurs essentiels, les familles, ont retrouvé leur place dans Paris.

Cette transformation a aussi dépassé le périphérique. La capitale a cessé de se penser seule. Elle agit désormais dans une communauté métropolitaine de destin. Les communes construisent ensemble, partagent des équipements, mutualisent la culture, les transports, le sport. L'Agence métropolitaine de la culture organise chaque année les « Nuits du Grand Paris », célébration commune de la création. Des piscines communes, des festivals partagés, des lignes de bus métropolitaines tissent une même trame urbaine. Paris n'est plus une forteresse, mais une métropole ouverte, créative, solidaire.

Ainsi s'est dessinée la capitale d'un nouvel âge : belle et verte, ambitieuse et vivante, transparente et agréable. Une ville qui s'est repensée avec celles et ceux qui la vivent. Tous ces résultats sont le fruit d'une volonté, d'une méthode, d'un regard clair sur ce que notre capitale peut et doit être. Cette transformation n'a pas été spectaculaire par ses effets d'annonce, mais par sa constance.

Paris est devenu une ville gouvernée, écoutée et fière. Une capitale qui a su conjuguer la proximité du quotidien avec la vision du long terme. Une ville qui s'est donné les moyens de ses ambitions, sans renoncer à son identité, à sa culture ni à sa beauté.

Demain, d'autres reprendront le flambeau. Et c'est heureux. Paris n'appartient à personne, sinon à celles et ceux qui le font vivre. Mais cette page écrite entre 2026 et 2040 aura prouvé qu'une autre manière de gouverner est possible.

Cette renaissance ne devra rien au hasard. Elle sera née d'une volonté collective, d'un refus du fatalisme, d'un engagement assumé. Telles sont les perspectives que je peux tracer aujourd'hui afin d'illustrer ma vision de l'avenir de Paris. Si notre capitale est une ville de paradoxes, elle est surtout une ville de promesses et d'avenir.

Chapitre XIX

La vie et la politique

Il y a une vie avant, pendant et après la politique. Il n'est pas toujours aisé de prendre du champ tant elle est un domaine prenant et passionnant. La politique réclame beaucoup de disponibilité. Il ne faut pas compter ses heures. C'est un engagement plein et entier. Sans détermination et organisation, elle prend vite la route d'un calvaire. J'ai toujours voulu garder la maîtrise de mon agenda. Savoir gérer le temps est une force en politique malgré un monde où tout va vite et tout change très rapidement, surtout avec les chaînes d'information et les réseaux sociaux. Mais tweeter n'est pas penser. Il faut se ménager du temps pour lire, réfléchir et dialoguer avec un maximum d'experts et de citoyens. Il faut également savoir s'évader et pour ça, rien de mieux qu'un bon livre ou un bon film.

J'aime lire Yourcenar, Dupont-Monod, Green, Proust, Balzac, Stendhal, Mme de La Fayette, Le Clézio, Angot, ou regarder la filmographie de Sautet, Chabrol ou même de bonnes séries contemporaines (j'avoue une faiblesse pour les policiers et les biopics). Il faut savoir rire avec des amis ou avec Louis de Funès, Didier Bourdon, Christelle Chollet, Florence Foresti, Claudia Tagbo... Aller au théâtre ou au cabaret est parfois un luxe. Les horaires en politique ne sont jamais certains.

Je suis parfois taiseux et le silence ne m'effraie pas. Il me régénère. Dans la vie publique, on est amené à voir du monde et à s'exprimer fort souvent. Le silence peut avoir quelque chose de grand et de reposant.

J'aime la marche, elle me permet de poser mes idées mais aussi de découvrir à Paris des ruelles, de jolis passages, des monuments ou bâtiments peu connus, des plaques qui nous apprennent la vie des Parisiens plus ou moins célèbres. À la campagne, je respire le bon air, je visite le patrimoine local et même les cimetières.

Dans le lot près de Cajarc, j'ai découvert la tombe de Françoise Sagan : simple, avec des crayons dans un pot, des petites voitures de sport, elle qui aimait tant la vitesse. Flâner, c'est sortir du tumulte du monde, du charivari. Le microcosme a ses codes et il est parfois pesant.

Apprendre d'où l'on vient, en savoir davantage sur des femmes et des hommes d'influence, comprendre les accélérations de l'histoire, disséquer les cartes, apprendre les capitales est un passe-temps agréable. Je découvre les régions en me baladant l'été dans les villages français : Conques, Mercuès, Vézelay, Sainte-Alvère, Turenne, l'île de Bréhat,

Bruniquel, Perros-Guirec, tous ont un charme incomparable. La France est majestueuse.

L'écoute, le dialogue, le compromis sont au cœur de mon engagement. Je suis un homme libre et indépendant d'esprit, ouvert aux idées argumentées et neuves. J'ai des principes solidement ancrés en moi. Je sais prendre mes responsabilités, trancher et décider. Je prends plaisir à convaincre et à fédérer les talents, les compétences et les énergies.

Discret, voire secret, je sais que je dois davantage me livrer. Je suis un homme loyal et donc parfois méfiant. Le politique est un monde dur et souvent injuste. Il n'est pas inutile de se forger une certaine carapace. Alors la confiance, je l'accorde surtout à la famille et aux amis.

Le cercle familial, c'est ma mère qui m'a tant donné. Elle est mon point fixe. Mon frère Maxime, qui avec son épouse Olympe, m'a offert deux charmants neveux : Éléonore et Charles-Hippolyte (dit « Charlie »). La famille est le premier lieu de solidarité et de protection. Je suis proche d'eux et je ne manque jamais un Noël, un anniversaire ou autre à fêter et à partager ensemble.

Les amis c'est la confiance, le plaisir d'être ensemble : dîners, sorties culturelles, vacances, partager simplement quel que soit le moment de la vie et donner de soi pour apaiser, consoler ou remotiver. Des années lycées avec Vincent, Hermeline, Sandra, Gérald, aux années étudiantes et politiques avec Géraldine, Clarisse, Cécile, Geoffroy, Valérie, Grégory, j'ai pu mesurer que l'amitié n'est pas que l'intensité d'une relation, c'est d'abord sa durée.

Il y a celles et ceux qu'on perd malheureusement de vue alors qu'on les aime toujours. La vie ne permet pas toujours de conserver des relations nourries mais les bons souvenirs sont toujours là et les retrouvailles restent possibles.

La politique aussi apporte son lot de bonnes nouvelles. La confiance s'est installée avec Florence Berthout dont j'apprécie la fiabilité, Daniel-Georges Courtois, fidèle quelles que soient les vicissitudes mais également Clément, Émeric, Simon, Martine, Samir, Christian, Martine, Héloïse, Gypsie, Delphine, Victor, Jean, Alexis, Pascale, Cédric, Benoît, Mathieu, Pegah, Félix, Alexia, Julie, Catherine, et tant d'autres qui m'ont apporté la preuve que la loyauté existe en politique.

J'ai construit de belles amitiés avec Philippe Grangeon, Valérie Lecasble, Meziane Rezki, trois personnalités issues de la gauche sociale-démocrate sur lesquelles je me repose avec confiance pour analyser et comprendre notre monde en pleine mutation. Dans le monde culturel, la comédienne Prune Lichtlé, le metteur en scène Denis Loubaton, la libraire Colette et l'écrivaine Christine Angot sont de belles personnes avec qui j'aime partager idées et projets mais aussi rire et profiter de la vie.

Conclusion

Éloge de la modération

En écrivant ces pages, je n'ai pas cherché à brosser un portrait flatteur ni à dérouler un programme. J'ai tenté de dire les choses sans artifice, sans détour, avec la sincérité de celui qui n'a pas peur de se montrer tel qu'il est.

Parce que l'on ne construit rien de solide en se travestissant, ces lignes sont d'abord un exercice de transparence et d'authenticité. Je ne me suis pas ménagé, ni abrité derrière des justifications commodes. J'assume mes choix, mes idéaux, mes réussites, mes échecs autant que mes remises en cause. Je sais d'où je viens, et ce chemin m'a façonné.

J'assume ici de parler vrai. Parler vrai, ce n'est pas céder à la brutalité du mot lâché pour faire du bruit, ni à l'arrogance de celui qui croit tout savoir. C'est un effort, un processus, une discipline, être plus exigeant avec soi-même qu'avec autrui.

Car cette recherche de vérité, elle ne jaillit pas spontanément de nos certitudes, mais elle se construit patiemment, dans le doute et dans la remise en question. Cela suppose d'interroger ses convictions avec la même rigueur que l'on examine celles d'autrui, de chercher où l'on pourrait se tromper plutôt que de s'enfermer dans ce que l'on croit savoir.

Cette discipline impose aussi de résister aux facilités du moment, à la tentation de la formule qui frappe, du raccourci qui séduit, de l'effet d'annonce qui impressionne. Dans un monde où l'immédiateté règne, où chaque mot peut être disséqué, déformé, instrumentalisé, parler vrai demande un courage particulier. Celui de prendre le temps, de nuancer, d'expliquer même quand cela complique le message. C'est accepter d'être moins spectaculaire pour être plus juste, moins caricatural pour être plus précis. C'est aussi refuser le confort de l'entre-soi et des applaudissements convenus, oser dire ce qui dérange, y compris dans son propre camp, face à ses propres soutiens. C'est préférer l'inconfort d'une vérité qui divise à la quiétude d'un mensonge qui rassemble. Mais aussi l'art de dire, sans détour, ce que l'on croit juste pour sa ville, sa région, son pays. S'appuyer sur les faits, les réalités, ce que l'on a vécu, vu et entendu. Et la vérité n'est pas toujours consensuelle, elle n'est pas toujours agréable à entendre, et celui qui s'y engage doit accepter d'être momentanément isolé ou incompris.

L'exigence de vérité conduit à la modération, à accepter que la vérité n'émerge que si l'on écoute d'abord, pour comprendre. Comprendre pour dialoguer, et confronter sans écraser. C'est seulement après cela que vient le temps de l'action, ferme, résolue, assumée. Et cette action, parce qu'elle est née de l'écoute et du dialogue, peut être expliquée, défendue, justifiée devant celles et ceux que nous servons. Voilà le cycle que je crois juste : comprendre, dialoguer, agir, assumer. Et au terme de ce cycle, laisser les citoyens décider, librement, de nous renouveler ou non leur confiance. C'est la conception de la démocratie que je défends. Non pas des coups d'éclat et des improvisations permanentes, mais une démocratie exigeante, patiente, qui oblige à se confronter au réel et à rendre des comptes.

Cette conviction s'est muée en méthode, forgeant mon engagement au quotidien. Je n'ai jamais quitté le terrain. Parce qu'au contact des Parisiennes et des Parisiens, dans la diversité de leurs vies, j'ai appris que la vérité ne se fabrique pas dans les cabinets ni sur les plateaux de télévision. Elle naît de l'écoute patiente, des dialogues parfois rudes, des visages rencontrés et des mots confiés. C'est là, dans cette proximité, que l'on forge la conviction qui résiste aux modes, aux sondages et aux slogans.

Aujourd'hui, nous entrons dans une époque où Paris, la France et le monde affrontent une tempête politique, nourrie de populisme, de démagogie, de mensonge et de haine, qui balaie les repères, affaiblit les digues, ronge les principes. Une tempête qui alimente la peur et la colère, et qui installe partout le poison de la division. Ce que j'ai vécu et vu en politique m'a convaincu d'une chose : nos institutions, nos valeurs républicaines et démocratiques ne résisteront pas longtemps si nous cessons de les défendre avec vigueur et courage.

Face à cette réalité, le choix s'impose à nous avec une clarté implacable : que faisons-nous pour affronter cette tempête ? Continuons-nous à nous retrancher derrière les postures, à céder aux sirènes de l'outrance, à préférer le confort des slogans aux exigences de la vérité ? Ou bien allons-nous accepter de nous retrousser les manches et de reprendre le combat ? Face aux tenants des « vérités alternatives » ou du relativisme démocratique, il est indispensable d'assumer le seul rapport de force qui vaille : celui qui convoque l'intelligence collective, la puissance d'un argumentaire et les vertus de la démonstration. Renoncer à ce travail intellectuel, ce serait tirer tragiquement un trait sur l'idée même de civilisation : un vivre-ensemble qu'enrichissent une histoire commune, des valeurs, des lois et des projets. Le goût du pouvoir ne justifie pas tout. Diriger la capitale de la France implique de mener un combat qui est d'abord éthique.

Je crois, plus que jamais, que l'avenir dépend de femmes et d'hommes qui oseront mener ce combat autour d'une offre politique claire, solide et ancrée dans la modération. Qui n'est pas molle, sans idées ni conviction, ni opportuniste, qui se contente de suivre le vent dominant, mais forte, assumée, radicale. Radicalement modérée. Parce que la modération est une exigence. C'est le courage d'affirmer que la démocratie n'est pas la loi du plus fort mais la patience du débat, que la République n'est pas la soumission aux extrêmes mais l'art de faire ensemble, libres et égaux. Et que le débat public, aussi intense soit-il, ne peut pas être un concours de vulgarité.

On me dira que la modération ne fait pas rêver. Je pense le contraire. La modération est un rêve puissant, parce qu'elle permet de continuer à espérer malgré les fractures, parce qu'elle refuse le fatalisme, parce qu'elle oblige à inventer des compromis, parce qu'elle est la seule à pouvoir rallier durablement une société diverse et complexe. Il faut aimer passionnément les êtres humains, la France, Paris, pour croire encore en cette force tranquille qu'est la modération. Et cet amour-là, quand on le connaît, n'a rien de tiède. Il est exigeant, ardent et engage tout entier. Je sais construire du consensus. C'est la voie efficace pour agir et changer nos vies.

Voilà donc le sens de mon engagement personnel. Je ne pense pas que ce chemin soit le plus simple, mais il est le plus nécessaire. Car si nous renonçons à défendre ces idéaux, nous laisserons la place aux vents mauvais.

Je crois à la politique. À la politique comme engagement, comme don de soi, comme instrument au service de l'intérêt général. Il est encore possible de faire autrement, de gouverner sans avoir peur de la nuance, sans céder à la facilité des extrêmes, d'inspirer sans tromper, de convaincre sans diviser.

C'est en parlant vrai que l'on peut donner envie d'agir. À celles et ceux qui liront ces lignes, je veux simplement dire : ne renoncez pas ! La tempête populiste est là, elle s'impose avec fracas. Mais elle ne triomphera que si nous baissons les bras.

Ce livre n'aura eu de sens que s'il témoigne de tout cela. Qu'il est encore possible de parler vrai. Qu'il est possible d'afficher ses réussites tout en assumant ses failles, ses erreurs, ses doutes, ses convictions, et de continuer à croire que la politique n'est pas condamnée à la caricature. J'ai voulu montrer que l'on pouvait être sincère sans être faible, nuancé sans être indécis, modéré sans être fade.

Alors j'assume pleinement cette voie. Je choisis la fidélité à une ligne claire. Je reste debout, j'endosse mes convictions et je défends la République et la démocratie, je me bats pour Paris et pour la France. C'est ma conception de la vie publique autant qu'un engagement profond. C'est ma manière de servir.

Table

Pour en savoir plus
sur les Éditions Plon
(catalogue, auteurs, vidéos, actualités...),
vous pouvez consulter
www.plon.fr
www.lisez.com

lisez!

et nous suivre sur les réseaux sociaux

Editions Plon
@EditionsPlon
@editionsplon

#lisez! engagé
www.lisez.com
Pour plus d'information :
Imprimé sur du papier issu de forêts gérées durablement.

Achevé d'imprimer sur Roto-Page en décembre 2025
par l'Imprimerie Floch à Mayenne.

N°d'édition : P32103/01 – N° d'impression : 108191
Imprimé en France